Helmut Schreier

Der Mehlwurm im Schuhkarton

60 illustrierte Ideen für Experimente und Knobeleien im Sachunterricht

Körner Verlag

Herausgeber der PROFILE-Reihe: Uwe Hameyer

Der Mehlwurm im Schuhkarton
Autor: Helmut Schreier
Illustrationen: Sandra Ruhde

© 1993 by Körner Verlag GmbH
Eckernförder Str. 249, 24119 Kronshagen
Gestaltung: Körner Verlag GmbH
Druck: Pirwitz Druck & Design
Printed in Germany
2. Auflage
ISBN 3-929 237-11-3

Dieses Buch ist auf 100% chlorfrei
gebleichtem Papier gedruckt

Inhalt

Vorwort

Die kindliche Faszination an merkwürdigen Naturphänomenen ist gerade im Primarbereich nahezu grenzenlos. Viel zu wenig noch wird die Neugier des Kindes in der Schule angesprochen und für produktives Lernen genutzt.

Helmut Schreier hat in seinem Büchlein phantastische Ideen in einfacher Sprache zusammengestellt, wie wir im Sachunterricht - aber auch darüber hinaus - das Lernangebot bereichern können. Entdeckendes Lernen durch genaues Beobachten beim selbst durchgeführten Experiment und bei der Lösungssuche ist dabei angesagt.

Der besondere Reiz seiner zumeist verblüffenden Experimente besteht darin, daß die Kinder diese selbst durchführen können. Der Vorbereitungsaufwand ist problemlos, weil die erforderlichen Materialien und Utensilien leicht zu beschaffen sind. Mit den Experimentalknobeleien liefert Helmut Schreier nicht nur einen wesentlichen Beitrag zum *praktischen Lernen* im Sachunterricht; er bietet eine Fundgrube für alle, die *Vertretungsstunden* erteilen.

Sämtliche Experimente kommen aus der Praxis. Sie können teils auch mit unteren Jahrgängen der Sekundarstufe durchgespielt werden, wobei die pädagogische Entscheidung über die Einbindung der betreffenden Idee in den Unterricht sowieso immer bei den Lehrern und Lehrerinnen liegt. Die Experimentalknobeleien bieten bei allem spannende Lernanlässe. Sie verlangen das Gespräch über Erklärungsversuche, Hypothesen und Annahmen zur Deutung des jeweiligen Phänomens.

Auf umfangreiche wissenschaftliche Abschnitte hat Helmut Schreier verzichtet, weil es zunächst auf die kreative Lernsituation ankommt. In dieser Weise richtig verstanden eröffnet der Einsatz dieser Experimente auch in der Lehrerbildung vorzügliche Gesprächs- und Lernmöglichkeiten. In der Lehrerbildung brauchen wir nicht zuletzt deshalb solche Materialien und Ideen, weil für das Hauptfach Sachunterricht viel zu wenig Personal zur Verfügung steht. Es gibt sogar Bundesländer, in denen nicht einmal Professuren für Sachunterricht eingerichtet wurden. Daher sind wir auf solche praktischen Initiativen mit exemplarischem Wert besonders angewiesen.

Der Verfasser dieses Buchs freut sich über jeden Hinweis ähnlicher Experimentalideen und Knobeleien. Bitte wenden Sie sich direkt an ihn, zumal ggfs. ein Folgeband vorbereitet wird.

Prof. Dr. Helmut Schreier
Horandstieg 36b
22559 Hamburg
Tel.: 040/811289

Die Idee zur Sammlung solcher Experimente entstand infolge des 1990 veranstalteten IPN-Symposiums über *Innovationsprozesse in der Grundschule*.

Uwe Hameyer

Das Experiment im Sachunterricht

1. Bezeichnet das Thema eine Sache, die es gar nicht geben kann?

Es liegt auf der Hand, daß zwischen dem, was ein Wissenschaftler "Experiment" nennt, und dem, was im Sachunterricht als "Experiment" möglich ist, ein Unterschied besteht, der nicht nur Umfang und Komplexität der jeweiligen Anwendung des Begriffes betrifft, sondern auch einen Wesens-Unterschied der Sache bezeichnet. Dies gilt selbst unter der Voraussetzung, daß wir in der Auseinandersetzung zwischen Martin Wagenschein und Carl Schietzel aus den siebziger Jahren uns die Position Wagenscheins zu eigen gemacht haben: Er geht von der Annahme aus, daß es Kindern prinzipiell möglich ist, sich einen Zugang zu dem Komplex zu erarbeiten, den man als "Wissenschaft" bezeichnet. Schietzel hatte demgegenüber behauptet, daß zwischen der Denkweise von Kindern und der des Wissenschaftlers eine unüberbrückbare Kluft liege. Nur im Scherz, so sagte er, könne man vom Kind als von einem kleinen Wissenschaftler sprechen.

Wagenschein stimmte zu, daß ein Unterschied zwischen der systematischen Anwendung der wissenschaftlichen Methode bei der Arbeit des Wissenschaftlers und den Versuchen von Kindern liege. Er sah aber auch eine Verwandtschaft im ursprünglichen Erkenntnis-Interesse von Kindern und dem von Wissenschaftlern, wie es in den Ausgangsfragen und Disputen wissenschaftlicher Forschung belegt ist.

2. Die streng wissenschaftsorientierten Ansätze der frühen siebziger Jahre verfolgten einen von der Struktur wissenschaftlichen Arbeitens allein bestimmten Experiment-Begriff.

Was bezeichnet der Begriff "Experiment" in dem jeweiligen Kontext wissenschaftlicher Forschung und kindlichen Forscherdranges? Um den Begriff gewissermaßen umzingeln zu können, ist es angebracht, einen Blick auf die Geschichte der Wissenschaftsorientierung zu werfen, die das Leitmotiv bei der Einrichtung des modernen Sachunterrichts im Lehrplan der Grundschulen der Bundesrepublik im Jahre 1970 bildete. Denn damals kamen die beiden Größen "Unterrichtskunst" und "Wissenschaftsbetrieb" einander so nahe, wie weder vorher noch zu einem späteren Zeitpunkt in der Geschichte des Schulwesens.

Als im Zuge der Wissenschaftsorientierung der sechziger Jahre Jerome Bruner in den U.S.A. den Begriff "Struktur der Diziplinen" prägte und der Unterricht auf sämtliche Schulstufen und in allen Fächern aus der Sicht der Wissenschaftler selber rekonstruiert wurde, kristallisierten sich zwei unterschiedliche Ansätze heraus, die beide auf ihre jeweilige Weise eine Zusammmenfassung wissenschaftlicher Vorstellungen unternahmen. Die einen rollten das Unternehmen "Wissenschaft" von der Seite des Weltbildes, der Vorstellungen und Inhalte auf; sie stellten Die Begriffe und Konzepte in den Mittelpunkt des Unterrrichts und leiteten dessen Ziele von der Einsicht in den Zusammenhang des Ganzen ab. Beispielhaft für diesen Weg ist in der Bundesrepublik der Ansatz des

"Science Curriculum Improvement Study" geworden, weil er von Kay Spreckelsen als "konzeptdeterminierter" Vorschlag adaptiert worden ist. International bedeutsamer ist aber die Schulbuchserie von Paul Brandwein, die unter dem Titel "Concepts in Science"(1) bis in die achtziger Jahre hinein den naturwissenschaftlichen Unterricht in den U.S.A. und - in einer spanischen Übersetzung - in den Staaten

What makes the toy dog move?   What makes the real dog move?

(1) Paul F. Brandwein: Concept in Science. New York: Houghton Mifflin 1968
(2) Göttinger Arbeitsgruppe für Unterrichtsforschung (Hrsg.): Weg in die Naturwissenschaft. Ein verfahrensorientiertes Curriculum für das erste Schuljahr. Stuttgart: Klett 1970

Lateinamerikas beeinflußte. Es würde im Zusammenhang der Experiment-Thematik zu weit führen, auf diesen interessanten Ansatz ausführlicher einzugehen. Um zu zeigen, wie gradlinig die Unterrichtsführung auf die angestrebten Begriffe hinausläuft, sei hier eine Doppelseite aus dem Band für das erste Schuljahr wiedergegeben (siehe linke Seite).

Es geht hier um den Begriff der Energie. Die Kinder sollen die Welt gewissermaßen unter der Sicht lesen lernen, die ein umfassendes Energie-Konzept vermittelt. Deshalb werden Beispiele einander gegenübergestellt, die auf den ersten Blick, d.h. unter der Blickrichtung des herkömmlichen Physik- und Chemie-Unterrichts, sehr wenig miteinander zu tun haben. Ein Spielzeughund mit Uhrwerk wird aufgezogen und bewegt sich; ein lebender Hund ist abgebildet, der frißt und rennt. In dem Gespräch, so wird die Lehrerin im Lehrerband angewiesen, soll der Energiebegriff herausgearbeitet werden. In dem einen Fall wird dem Spielzeug mechanische Energie zugeführt, in dem andern Fall setzt ein Lebewesen durch den Stoffwechsel chemische Energie um. Das zugehörige übergeordnete Konzept heißt "Energie".

Auf der anderen Seite materialisierte sich die Struktur der Diziplinen in Gestalt der Orientierung an dem Prozeß wissenschaftlichen Forschens, an der Methode. Der bekannteste methodenorientierte Ansatz - "Science - A Process Approach" (SAPA) - wurde in der Bundesrepublik durch die Göttinger Arbeitsgruppe um Hans Tütken aufgegriffen. (2) Aus dem "verfahrensorientierten" Weg in die Naturwissenschaft sei ebenfalls ein Abschnitt

wiedergegeben, um an einem typischen Muster zu zeigen, wie gradlinig auch dieser Ansatz auf die Vermittlung des zugrundeliegenden Musters hin angelegt war.

Unterrichtseinheit D:
Klassifizieren von Blättern

Lernziele

Wenn dem Kind eine Sammlung bekannter Gegenstände vorgelegt wird, sollte es nach Abschluß dieser Unterrichtseinheit folgendes können:
1. Sortieren von Gegenständen aufgrund ihrer Verschiedenheit innerhalb einer Merkmalsdimension, die ein anderer benannt hat.
2. Sortieren von Gegenständen aufgrund ihrer unterschiedlichen Merkmale in einer Merkmalsdimension, die das Kind selbst gewählt hat.
3. Identifizieren und Benennen der Merkmalsdimension bzw. der Merkmale, die das Kind selbst gewählt und der Klassifikation zugrundegelegt hat.

Begründung

Klassifizieren heißt eine Menge von Objekten oder Vorgängen aufgrund ihrer beobachteten oder „erschlossenen" Merkmale in eindeutig definierte Teilmengen oder Klassen zu zerlegen. Es handelt sich dabei um eine grundlegende Fähigkeit, die auch außerhalb des naturwissenschaftlichen Bereichs für eine systematische Organisation aller Erfahrungen eine notwendige Voraussetzung ist.
In dieser Unterrichtseinheit soll die Fähigkeit der Kinder, Objekte ihrer Umwelt aufgrund beobachtbarer Merkmale zu klassifizieren, gesteigert werden. Als Objekte werden Blätter vorgeschlagen, da sie in dieser Jahreszeit in großer Vielfalt zur Verfügung stehen und da Kinder sie gern sammeln. Jedes Klassifizieren (Kategorisieren, Sortieren, Gruppieren) beginnt mit einer differenzierten Beobachtung zum Zweck der Merkmalsbestimmung der einzelnen Objekte. Daran schließt sich ein Vergleich der Objekte bezüglich der beobachteten Merkmale an. Der Vergleich führt aufgrund der festgestellten Gleichheiten (Ähnlichkeiten) bzw. Verschiedenheiten zu einer Kategorienbildung, d. h. zur Definition verschiedener Klassen. Ihnen können dann die Objekte als Träger von Merkmalen zugeordnet werden.
Bei der Verwendung von Blättern treten die den Kindern bereits vertrauten Merkmalsdimensionen, Form, Farbe, Größe und Griff, neben anderen wieder auf. Durch die Merkmalsvereinigung ist es an einzelnen Blättern und es möglich, zunächst ausgehend von derselben Blättermenge nacheinander verschiedene einstufige Klassifikationen durchzuführen, dann aber auch zwei- und mehrstufige Klassifikationen durch weitere Zerlegung in Unterklassen (Teilmengen) konstruieren zu lassen.
(Möglicherweise ziehen Sie andere Objekte wie z. B. Muscheln oder Nüsse zur Klassifikation vor. In diesem Fall sollten Sie jedoch darauf achten, daß die Objekte auf mehrere Arten klassifizierbar sind.)

Wortschatz
Sortieren, aufteilen, sich unterscheiden, passen; Griff, Menge, Teilmenge.

Lehr- und Lernmaterialien

Materialausstattung:
Standardausrüstung:
20 Sätze Knöpfe
3 Papierquadrate, Seitenlänge 2,5 cm
3 Papierquadrate, Seitenlänge 5 cm
3 Papierquadrate, Seitenlänge 7,5 cm
1 Satz Figuren (ein rotes Rechteck, ein blaues Rechteck, ein gelbes Rechteck, ein gelbes Dreieck, ein rotes Quadrat, ein blaues Quadrat)
1 Satz von sieben Perlen

Das Experiment im Sachunterricht

Zusatzmaterialien:
Herbstlaub, möglichst verschiedenartig in Form, Farbe, Größe und Griff
Stecktafel
Stecknadeln

Unterrichtsverlauf

1. Lernphase: **Das Sortieren von Blättern nach der Form**
a) Bitten Sie die Kinder, möglichst verschiedenartige Blätter mitzubringen. Sammeln Sie die Blätter ein und überprüfen Sie, ob sie sich in Form, Farbe, Größe und Griff unterscheiden. Ergänzen Sie — wenn notwendig — die Sammlung in diesem Sinn.
b) Lassen Sie jedes Kind ein Blatt aus der gemeinsamen (vorsortierten) Sammlung auswählen und bitten Sie die Kinder, soviel wie möglich über ihr Blatt zu erzählen. Dabei sollten Beobachtungen über Form, Farbe, Größe und Griff wiedergegeben werden.
Schlagen Sie den Kindern vor, die Blätter nach der Form zu sortieren. Wählen Sie drei deutlich unterscheidbare Formmerkmale aus, z. B. ellipsenförmig, gelappt, herzförmig, und befestigen Sie je ein Blatt in genügendem Abstand voneinander an der Stecktafel. Bitten Sie ein Kind, die Form seines Blattes mit den Formen der Musterblätter zu vergleichen und es unter dasjenige anzuheften, dem es am ähnlichsten ist. Lassen Sie alle anderen Kinder (zwei oder drei zugleich) in gleicher Weise verfahren. Besprechen Sie mit den Kindern abschließend die getroffenen Zuordnungen, wobei die Schwierigkeiten bei der Mengenbildung erörtert werden sollten.

2. Lernphase: Sortieren von Blättern nach der Farbe
Lassen Sie Gruppen von etwa vier Kindern bilden und verteilen Sie an jede Gruppe ungefähr acht bis zehn Blätter.
a) Erinnern Sie die Kinder an die Klassifikation der Blätter nach der Form und fordern Sie sie auf, andere Sortierungsmöglichkeiten zu nennen: Farbe, Griff u. a. Schlagen Sie vor, diesmal die Blätter nach der Farbe zu sortieren (rot, grün, gelb, braun). Geben Sie an der Stecktafel in jeder Farbe ein Blatt vor und bitten Sie die Kinder, in jeder Gruppe ein Blatt auszuwählen und es dem entsprechenden Blatt zuzuordnen. — Besprechen Sie Zuordnungsschwierigkeiten, wenn sehr viele Blätter bunt (mehrfarbig) sind, und einigen Sie sich auf die vorherrschende Farbe als Klassifikationsmerkmal. —
b) Bitten Sie die Kinder, in ihren Gruppen die Blätter ebenfalls nach der Farbe zu sortieren. Während der Durchführung dieser Aufgabe sollten Sie in den einzelnen Gruppen bei nicht eindeutigen Zuordnungen nochmals nach dem entscheidenden Merkmal fragen.

3. Lernphase: Sortieren von Blättern nach der Größe
Lassen Sie Gruppen von etwa vier Kindern bilden und verteilen Sie an jede Gruppe ungefähr acht bis zehn Blätter.
Befestigen Sie an der Stecktafel in größerem Abstand voneinander zwei Blätter, die sich deutlich in der Größe unterscheiden, in den Merkmalsdimensionen Farbe, Form und Griff dagegen möglichst geringe Abweichungen aufweisen. Lassen Sie die Kinder Unterschiede der beiden Blätter benennen und bitten Sie sie anschließend, in der Gruppe je ein kleines und ein großes Blatt auszuwählen und es dem entsprechenden Blatt an der Tafel zuzuordnen. Um möglicherweise auftretenden Schwierigkeiten beim Sortieren in den Gruppen vorzubeugen, halten Sie ein Blatt mittlerer Größe bereit und bitten Sie ein Kind, auch dieses Blatt einer der beiden Mengen zuzuordnen. Wahrscheinlich werden die Kinder über die "richtige" Zuordnung verschiedener Meinung sein. Schlagen Sie deshalb vor, dieses Blatt keiner der beiden Mengen zuzuordnen, sondern zwischen den beiden Mengen anzuheften. Bitten Sie die Kinder, beim folgenden Sortieren in den Gruppen entsprechend zu verfahren.

4. Lernphase: Zweistufiges Sortieren
a) Sortieren Sie den Kindern einige Blätter nach der Farbe in zwei Mengen vor, z. B. grüne Blätter und gelbe Blätter. Bitten Sie die Kinder um Vorschläge, wie aus diesen Mengen Blätter mehrere Mengen gebildet werden könnten. Wählen Sie zur Durchführung die Form als Merkmalsdimension und führen Sie nach Vollendung dieser Aufgabe den Begriff "Teilmenge" ein. Lassen Sie anschließend die gelben Blätter nach denselben Formmerkmalen in Teilmengen sortieren.
b) Teilen Sie je zwei Kindern acht bis zehn Blätter aus und bitten Sie die Kinder, eine Menge der rauhen und eine Menge der glatten Blätter zu bilden. Lassen Sie anschließend beide Mengen nochmals nach der Form in Teilmengen sortieren.

Wenn diese zweistufige Klassifikation geleistet wurde, können Sie in einem neuen Sortierungsvorgang die beiden Griff-Mengen bilden und nach der Farbe oder nach anderen Merkmalen, die die Kinder selbst wählen, Teilmengen bilden lassen.

Allgemeine Lernkontrolle
(Sortieren von Knöpfen)

a) Geben Sie je zwei Kindern eine Tüte mit verschiedenen Knöpfen und bitten Sie sie, diese Knöpfe irgendwelchen selbst gewählten Merkmalen zu sortieren. Anschließend lassen Sie die Kinder die Merkmale, die sie für ihre Mengenbildung gewählt haben, beschreiben (Anzahl der Löcher, Form, Farbe, Griff, Größe usw.). Bitten Sie danach die Kinder, alle Knöpfe wieder zu einer Menge zu vereinigen und erneut zu sortieren und dies so lange fortzuführen, bis sie möglichst alle genannten Merkmale zur Mengenbildung herangezogen haben.
b) Bitten Sie alle Kinder, ihre Knöpfe z. B. nach der Größe zu sortieren. Geben Sie dann den Auftrag, aus jeder Menge nach einer weiteren Merkmalsdimension Teilmengen zu bilden. Sie können darüber hinaus die Kinder ermuntern, möglichst viele Teilmengen zu bilden, wobei Sie auch solche, die durch drei oder mehr Merkmale bestimmt sind, zulassen sollten.
Bitten Sie die Kinder abschließend, ihre Teilmengen zu beschreiben.

Individuelle Leistungsmessung

Sprechen Sie mit dem Kind einige einleitende Worte wie: "Ihr habt verschiedene Dinge sortiert. Wir wollen nun ähnliches tun."

Aufgabe 1 (Lernziel 1): Geben Sie dem Kind folgendes Material:
3 Quadrate, Seitenlänge 2,5 cm
3 Quadrate, Seitenlänge 5 cm
3 Quadrate, Seitenlänge 7,5 cm
Sagen Sie zum Kind: "Sortiere diese Quadrate nach ihrer Größe!" Machen Sie ein Kreuz in der betreffenden Spalte, falls das Kind nach der Größe klassifiziert und drei Mengen bildet.

Aufgabe 2 (Lernziel 2): Geben Sie dem Kind folgende Figuren: ein rotes Rechteck, ein blaues Rechteck, ein gelbes Rechteck, ein blaues Dreieck, ein rotes Quadrat und ein blaues Quadrat. Sagen Sie zum Kind: "Bilde mit diesen Figuren drei Mengen, so daß die Gegenstände in jeder Menge in irgendeiner Weise gleich sind!" Machen Sie ein Kreuz in der betreffenden Spalte, falls das Kind drei verschiedene Mengen bildet. (Die Klassifikation kann nach der Farbe oder nach der Form erfolgen, oder auch nach irgendeiner anderen Merkmalsdimension, die drei Mengen ergibt.)

Aufgabe 3 (Lernziel 3): Nachdem das Kind die Figuren sortiert hat, sagen Sie zu ihm: "Sage mir bitte, wie Du sortiert hast!" Machen Sie ein Kreuz in der betreffenden Spalte, falls das Kind die Merkmale oder die Merkmalsdimensionen seiner Klassifikation identifiziert und falls die beschriebene Klassifikation der entspricht, die das Kind ausgeführt hat.

Aufgabe 4 (Lernziel 2): Geben Sie dem Kind sieben Perlen, die eine Klassifikation sowohl nach der Größe als auch nach der Farbe ermöglichen. Sagen Sie zum Kind: "Bilde mit den Perlen Mengen, so daß die Perlen in jeder Menge in irgendeiner Weise gleich sind!" Machen Sie ein Kreuz in der betreffenden Spalte, wenn das Kind vier verschiedene Mengen bildet.

Aufgabe 5 (Lernziel 3): Nachdem das Kind die Mengen gebildet hat, sagen Sie zu ihm: "Sage mir bitte, wie Du sortiert hast!" Machen Sie ein Kreuz in der betreffenden Spalte, falls das Kind die Merkmale oder die Merkmalsdimensionen seiner Klassifikation identifiziert und falls die beschriebene Klassifikation der entspricht, die das Kind ausgeführt hat.

Entnommen aus: Abeitsgruppe für Unterrichtsforschung in Göttingen: Weg in die Naturwissenschaft. Ein verfahrensorientiertes Curriculum im 1. Schuljahr. Stuttgart: Klett, 1971, S. 81-85.

Dieser Ansatz geriet innerhalb der deutschen Diskusssion allerdings rasch unter Beschuß; in der Kritik war von den "Irrwegen einer Unterrichtsform" die Rede. Viele Kritiker stießen sich eher an der Form der Vermittlung als an der Prozeßorientierung selber. Der Anspruch, das Programm auf "lehrersichere" Weise umzusetzen, mußte einen entwürdigenden Effekt auf eine Lehrerschaft wie die deutsche mit sich bringen, die es gewohnt war, den Unterricht weitgehend in Selbstverantwortung zu gestalten. Andererseits könnnte man die Frage für nach wie vor berechtigt halten, wie weit eine radikale Reform des Unterrichts, d.h. eine Rekonstrunktion der durch den Unterricht vorherrschend vermittelten Weltsicht, ohne Vollmacht für weitreichende Vorschriften, nur auf dem Konsens der Betroffenen basierend, überhaupt erreicht werden kann. Hier und da schlug sich der unter den Didaktikern des Sachunterrrichts heiß diskutierte Ansatz in Gestalt von Empfehlungen wie z.B. in den Hessischen Rahmenrichtlinien in Form der Empfehlung "methodenorientierter Verfahrensweisen" nieder. In der Wirklichkeit des Unterrichts dürfte er indes kaum irgendwelche Spuren hinterlassen haben.

Es geht in unserem Zusammenhang nicht darum, etwa die Diskussion jener Jahre neu aufzulegen. Interessant ist SAPA als Vorlage vor allem deshalb, weil hier ein präziser Experiment-Begriff zugrundegelegt ist, der als Frucht intensiver Zusammenarbeit von Didaktikern, Psychologen und Naturwissenschaftlern verschiedener Disziplinen gelten

kann. An der Sequenz der Kompetenzen, von der SAPA ausgeht, der sog. Hierarchie, wird der Stellenwert des Experimentes deutlich: 1. Beobachten; 2. Klassifizieren; 3. Gebrauch von Zahlen; 4. Messen; 5. Gebrauch von Raum-Zeit-Beziehungen; 6. Kommunizieren; 7. Voraussagen treffen; 8. Schlüsse ziehen; 9. Operationale Definitionen durchführen; 10. Hypothesen formulieren; 11. Daten interpretieren; 12. Variablen kontrollieren; 13. Experimentieren.

Das Experiment als Gipfelpunkt dieser Hierachie und als Krönung wissenschaftlichen Arbeitens war für SAPA in der Grundschule unerreichbar.

Im Kontext eines anderen naturwissenschaftlichen Curriculums, Elementary Science Study (ESS), das den Kindern, im Unterschied zu SAPA, relativ viel Freiraum für die Erprobung eigener Wege zugestand, beobachtete einer der beteiligten Wissenschaftler den Umgang von Kindern einer fünften Klasse mit dem z.V. gestellten Experimentiermaterial. Auch er bemerkt grundlegende Diskrepanzen zwischen der kindlichen und der wissenschaftlichen Auffassung. (3) Der Chemiker George Hein berichtete im Jahre 1968 vom Umgang der Kinder mit den Materialien, die als Basis-Ausstattung für die Unterrichts-Einheit "Rollende Gegenstände" dienten, - Bretter, die als schiefe Ebene aufgestellt werden konnten, Kugeln und Walzen von unterschiedlicher Größe und unterschiedlichem Gewicht. Diese Dinge repräsentieren also einen Ausschnitt der Wirklichkeit, der bereits im Sinne eines klassischen

---

(3) George E. Hein: Children's Science is Another Culture.
   In: Technology Review. Volume 71, Number 2, December 1968

physikalischen Experiments zum Gebrauch für Anfänger zubereitet worden ist. Die Kinder aber veranstalteten mit diesen Dingen Wettrennen. Die Leitvorstellung des Wettrennnens lag ihnen so nahe, daß sie Läufe mit gleichem Ergebnis unberücksichtigt ließen. Wenn zwei Kugeln unterschiedlicher Größe, A und B, zehnmal die schiefe Ebene hinabgerollt waren, und A war zweimal vorn, B war einmal vorn, und bei sieben Läufen waren A und B gleich, dann sagten die Kinder : A ist schneller als B. George Hein interpretiert diese Beobachtung mit folgenden Worten:

"Wir erkennen die Fremdartigkeit dieser Auffassung für uns Wissenschaftler. Was fehlt dabei? Welche Art der Argumentation ist da nicht vorhanden? Diese Kinder haben keine statistische Sicht von Daten und kein wissenschaftliches Beobachtungsvermögen. Jede Beobachtung hat für sie eine unabhängige Bedeutung, jede kann deshalb die Wette entscheiden. Der gesamte Zusammenhang von Auffassungen, den man braucht, um einen Versuch auf der Grundlage zu entwerfen, daß die Resultate der Wissenschaft eher eine Annäherung als eine Sicherheit geben, die gesamte Vorstellung davon, daß Nullresultate oder 'Unentschieden' wertvolle Daten geben, sind extrem feinsinnige Konzepte, und die Kinder verfügen schlicht nicht über sie."

Hein stellt darüber hinaus fest, daß die Kinder bei ihren Versuchen keinerlei Vorstellung von der Bedeutung der einzelnen Variablen und von der Möglichkeit, sie zu kontrollieren, haben. Was beeinflußt die Geschwindigkeit der rollenden Kugeln und Walzen: *"Ist es die Temperatur, die Masse, die Fallhöhe, die Form, die Tageszeit, die Laune*

der Lehrerin, Herrn Heins Krawatte oder der Schubs, den Johnny gerade dem Brett gab?"

Umgekehrt wird hier der Experiment-Begriff in seinem naturwissenschaftlichen Sinn deutlich. Es handelt sich um die planvolle, höchst künstliche Herstellung eines Bedingungsrahmens - typischerweise im Labor -, der es ermöglicht, genau eingegrenzte Fragestellungen zu verfolgen, bei denen eine sehr kleine Zahl von Variablen sehr genau kontrolliert wird. Vorausgesetzt ist die Isolierbarkeit der zu erforschenden Erscheinungen. Nicht isolierbare Phänomene sind nicht durch Experimente erforschbar. Die Fähigkeit, überhaupt Fragestellungen ausfindig zu machen, auf die eine Antwort auf diesem Wege gefunden werden kann, setzt profunde Kenntnisse über den theoretischen Zusammenhang der jeweiligen wissenschaftlichen Disziplin voraus. Das Argument des Experimentes als Krone und Schlußstein wissenschaftlicher Arbeit erfordert nicht nur die angemessene, oftmals aufwendige Ausstattung, sondern auch das Vorhandensein von Fertigkeiten, die in einer langen Sequenz mühevoller Hingabe an die Sache erlernt werden müssen.

3. Das Scheitern der wissenschaftsorientierten Ansätze in der Praxis des Sachunterrichts hängt mit der eingeschränkten Bedeutung des wissenschaftlichen Experiments für die Lebenswelt der Kinder zusammen.

Ich habe an anderer Stelle darauf hingewiesen, daß die Erfahrung des Alltags in wichtigen Punkten von der solchermaßen vor- und zubereiteten "Erfahrung" der empirischen Wissenschaft abweicht. Vor allem die Notwendigkeit bei der Alltagserfahrung, sich dauernd auf eine Vielzahl von Variablen einstellen zu müssen, von denen einige kaum bekannt sind, scheint eine Art von Gewitztheit des Verhaltens anzuerziehen, die sich von der Kalkulation des Forschenden in wissenschaftlichen Zusammenhängen unterscheidet. Deshalb ist es nicht unbedingt folgerichtig, einen auf dem Erfahrungs-Begriff basierenden Sachunterricht auf das wissenschaftliche Experiment hin anzulegen, denn die Kompetenz zur Verarbeitung von Alltags-Erfahrungen ist mit der Kompetenz zum Gewinn wissenschaftlicher Erfahrung nicht gleichzusetzen, wenn diese auch als Sonderform jenes übergreifenden Erfahrungs-Begriffes beschrieben werden mag. (4)

Unter dieser Perspektive kann das Scheitern der Wissenschaftsorientierung der siebziger Jahre im Sachunterricht nicht hinreichend durch äußere Umstände allein erklärt werden. Die fehlende naturwissenschaftliche Elementarbildung der Lehrerschaft, die mangelnde Bereitschaft, für die Sachunterrichts-Stunden aufwendige Vorbereitungen zu treffen und neue Materialien verfügbar zu machen, geben lediglich eine oberflächliche Erklärung des Problems der ausgebliebenen Wende zum wissenschaftsorientierten Sachunterricht. (5) Denn an entsprechenden Vorlagen, Stundenbildern und Materialien, die aufs einfachste einsetzbar und anwendbar

erscheinen, war eigentlich kein Mangel. Daß die Lehrerinnen in den Grundschulen diese Angebote nicht angenommen haben oder das Material probeweise einsetzten, um sich dann davon abzuwenden, könnte auf eine didaktische Schwierigkeit hindeuten, die unter der Oberfläche des Arrangements lag und tatsächlich mit dem Experiment-Begriff zusammenhing.

Um nämlich eine experimentähnliche Situation unter den üblichen Bedingungen des Unterrichts einer Grundschulklasse herbeizuführen, wurde Trivialität etabliert. In der Regel waren die Ergebnisse der kleinen Manipulationen, die den Kindern mit Magneten, mit Batterien und Glühlämpchen oder mit schwimm- und sinkfähigen Objekten im Rahmen eines solchen Experimentierens gestattet waren, leicht vorauszusagen, und der damals im Sachunterricht aufblühende Einsatz von Arbeitsblättern mit Fachausdrücken und Merksätzen mußte den Eindruck verstärken, daß es auf die Reproduktion der dabei eingeführten Vokabeln eher ankam als auf die Entdeckung interessanter Reaktionen und Phänomene in der Welt der Gegenstände und Sachverhalte. Die Herstellung von Trivialität war konsequent. Sie hatte ihre Wurzeln nicht nur in der trivialisierenden Codierung des Schulwesens als System, das von System-Theoretikern wie etwa Niklas Luhmann beschrieben worden ist (6), sondern lag

---

(4) Helmut Schreier: Sachunterricht und Erfahrung. In: Lauterbach, R., Köhnlein, W., Spreckelsen, K., Klewitz, E., (Hrsg.): Brennpunkte des Sachunterrichts. Kiel: IPN und GDSU 1992, 47-65

(5) Vgl. Siegfried Thiel im Nachwort zur Neuausgabe von "Kinder auf dem Wege zur Physik": Siegfried Thiel: Rückblick 1989. In: Martin Wagenschein: Kinder auf dem Wege zur Physik. Weinheim und Basel: Beltz 1990, 190-205, hier 202

(6) Vgl. Niklas Luhmann: Ökologische Kommunikation. Opladen: Westdeutscher Verlag 1986

auch im Anspruch des wissenschaftlichen Experimentes selber, das auf der Ebene des Schulunterrichts, und vor allem des Sachunterrichts der Grundschule, allenfalls den Nachvollzug von längst feststehenden kleinen Operationen erlaubte.

So mußte das Experiment aus dem Interessen-Horizont von Kindern herausfallen: Die Antworten auf die mit seiner Hilfe verfolgten Fragen waren vorher bekannt, das Erlernen der Fachausdrücke wurde als öde Übung wahrgenommen, und zur Erklärung der faszinierenden Sach-Fragen, die Kinder oft bewegen, konnten diese Manipulationen wenig beitragen. Welchen didaktischen Sinn kann es nach der Erfahrung des Scheiterns der Wissenschaftsorientierung haben, mit dem Sachunterricht im Blick überhaupt von "Experimenten" zu sprechen?

Nach der Skizze der didaktischen Entwicklung ist jedenfalls deutlich geworden, daß die Orientierung am naturwissenschaftlichen Verständnis von Experiment nicht weitergeführt hat: Weder der Versuch, zum Experiment als Kulminationspunkt eines aufwendig angelegten Curriculum-Projekts schrittweise hinzuführen, noch die Übertragung der wissenschaftlichen Methode in den Rahmen des Unterrichts, noch die vorbereitete und wohl abgesicherte Repetition kleiner Versuche aus dem Kanon des längst Erwiesenen haben sich halten können. Es sei nur der Vollständigkeit halber angefügt, daß die ausschließliche Orientierung am vermeintlichen Gegenpol der Wissenschaften, dem kindlichen Interesse, ihrerseits kaum zu einer Sache führen dürfte, die den Begriff des Experiments auch nur annähernd rechtfertigen könnte.

4. Ein didaktisch sinnvoller Begriff des Experiments muß den Interessen-Horizont der Lernenden berücksichtigen.

Zu solcher Annäherung kommt man über die didaktische Herstellung der Sache im Schnittfeld des Interessenhorizontes der Kinder und des Anspruchhorizontes der Wissenschaft. Wo das Interesse der Kinder an Gegenständen und Sachverhalten besteht, denen auf die Spur zu kommen sie das Verlangen haben, und wo eine Untersuchung in Gang gebracht wird, die zugleich mit dem Verfolgen der Sachfrage das Planvolle des wissenschaftlichen Vorgehens mit sich bringt, - dort ist es gerechtfertigt, einen didaktisch verstandenen Experiment-Begriff zu verwenden, weil die verfolgten Fragen für die Kinder jedenfalls neu und unerhört sind. D.h. dieser Experiment-Begriff schließt die Überwindung der Trivialität des Schulbetriebes ein. Dem Anspuch der Sachen, welcher die Trivialität transzendiert, gehen die Kinder im Ansatz eines wissenschaftsorientierten Prozesses nach.

Wagenschein hat dies Verfahren als "genetisch" beschrieben, weil solche Probleme dabei im Gegenwärtigen wirksam werden, die einmal im Lauf der Genese der Wissenschaften eine Auseinandersetzung zwischen den Vertretern unterschiedlicher Positionen bedeutet haben, die erst durch Anwendung genauer Beobachtungsmethoden und zwingender Logik entschieden werden konnten. In der Sprache der Erfahrungs-Philosophie John Deweys kann man davon sprechen, daß es gelingen muß, die Produkte des wissenschaftlichen Erfahrungs-Prozesses wieder in den Prozeß zurückzuführen, so daß die alten, längst erledigten Fragen innerhalb des kindlichen Horizonts wieder virulent werden. Insofern, als die verfolgten Probleme für die Kinder zu Verhandlungsgegenständen werden, denen sie forschend so nachgehen, als ob es für sie darauf ankäme, die Lösung selber zu finden, ist es gerechtfertigt, von einem didaktischen Experiment-Begriff zu reden.

Ebenso, wie man sagen kann, daß Kinder die Welt entdecken, wird man also auch davon sprechen dürfen, daß sie dabei Experimente einsetzen. Ein Beispiel:
Es ist Winter geworden. Die Kinder einer zweiten Klasse erzählen von den Veränderungen, die die kalte Jahreszeit mit sich bringt. Seine Mutter, berichtet der Junge, ermahne ihn immer: Zieh dir deine warme Mütze auf! Warme Mützen aus Wolle und Pelz, mit breiten Rändern und mit Ohrenklappen, werden von ihren Besitzern vorgeführt. Ob diese Mützen tatsächlich warm sind, fragt die Lehrerin. In der Diskussion herrscht die Auffassung, daß die Mützen selbstverständlich warm seien. Man brauche ja nur die Hand hineinzuhalten, dann könne es jeder selber merken. Die Lehrerin beharrt auf ihren Zweifeln. Eine Untersuchung wird mit Hilfe von Thermometern inszeniert. Nach Stunden zeigt sich, daß das Innere der Mützen die gleiche Temperatur hat wie das Innere einer leeren Blumenvase. Aber wenn man nun, wendet jemand ein, eine Mütze in den Kühlschrank legt, dann werde sich herausstellen, daß sie richtig warm sei. Gesagt, getan. Das Ergebnis der Messung löst Betroffenheit und Rätselraten aus. Wenn die Mütze

nicht warm ist, woher kommt dann die Wärme? So kommt diese Klasse zu einer Enquete, in deren Verlauf all das aufgerollt wird, was im Lehrbuch unter den Stichwörtern "Wärme-Energie" und "Isolation" nachzulesen ist.

Das Beispiel wirft ein Licht auf die typischen Rahmenbedingungen der Experimente im Sachunterricht: Die Fragen entstammen weitgehend der Alltags-Wirklichkeit der Kinder. Überall tut sich hier Rätselhaftes auf, dem man nachgehen muß. Die Mittel des Forschens sind ebenso eher von der Situation abhängig, und diese Situation hat in der Regel wenig mit der eines Laboratoriums gemeinsam.

Aber der Drang, etwas auszuprobieren, miteinander zu vergleichen, und auch der Drang, dabei so genau wie möglich vorzugehen und gleiche Bedingungen herzustellen, ist schon vorhanden. Dabei ist es für unsere Absichten unerheblich, ob diese quasi naturwissenschaftliche Tugend der Liebe zur Wissenschaft entstammt oder einfach einem Gefühl der Fairneß, das im Spiel mit anderen entwickelt wurde. Ebenso unerheblich erscheint mir die Reinheit der Spontaneität des kindlichen Interesses.

5. Der didaktische Begriff des Experiments setzt ein ursprüngliches Interesse von Kindern am Anspruch der Wissenschaften voraus.

Im Fall des angeführten Beispieles ist es die Lehrerin, deren Insistieren auf einer Gegenposition das Interesse provoziert. Auch in

Fällen, in denen Kinder von sich aus Interesse an bestimmten Fragen oder Sachverhalten anmelden, wird man nicht immer sicher sein können, wie weit es sich dabei um eine gewissermaßen reine Spontaneität handelt, die aus inneren Quellen ungetrübt hervorsprudelt, oder wie weit ganz andere Quellen, etwa das Fersehprogramm des Vorabends, dies Interesse geweckt haben. Ist es einmal da, so kann es jedenfalls gepflegt, entwickelt, verfolgt und ausgebaut werden. Oft genug stoßen Kinder einander mit ihren Interessen an. Es ist, als ob aus einem schier unerschöpflichen Universum von Interessen durch verwickelte Prozesse bestimmte einzelne Stränge herausgehoben und verfolgt würden. Henry Miller, der als Schriftsteller für sein nicht enden wollendes Interesse auf einem bestimmten Gebiet der conditio humana bekannt geworden ist, beschreibt den Interessen-Horizont seiner Kindheit mit folgenden Worten, die weithin trotz der Bedingungen einer "veränderten Kindheit" immer noch Bestand haben dürften:

"Auch erscheint es mir heute nicht seltsam, daß sich unsere Gespräche damals meist um entlegene Länder wie China, Peru, Ägypten, Afrika, Island und Grönland drehten. Wir sprachen über Gespenster, über Gott, über die Seelenwanderung, über die Hölle, über Astronomie, über seltsame Vögel und Fische, über die Bildung von Edelsteinen, über Gummiplantagen, über Foltermethoden, über Azteken und Inkas, über das Leben im Meer, über Vulkane und Erdbeben, über Begräbnis- und Hochzeitszeremonien in verschiedenen Teilen der Erde, über Fremdsprachen, über den Ursprung des amerikanischen Indianers, über das Aussterben der Büffel, über merkwürdige Krankheiten, über Kannibalismus, über Hexerei, über Reisen zum Mond und wie es dort wohl aussah, über Mörder und Wegelagerer, über die Wunder, über die Herstellung von Keramiken, über tausendundein Themen, die zu Hause oder in der Schule nie erwähnt wurden und die uns lebhaft beschäftigten, weil wir nach Wissen hungerten, weil die Welt voller Wunder und Geheimnisse war und wir nur, wenn wir fröstelnd auf dem leeren Grundstück standen, zu ernsthafteren Gesprächen kamen und ein Mitteilungsbedürfnis empfanden, das gleichzeitig angenehm und erschreckend." (7)

Das subtile und tiefe Bedürfnis von Kindern nach Kontakt mit der Welt der Dinge und Sachverhalte bedarf einerseits der Personen, die selber eine Art Liebe zu den Sachen hegen und diese Haltung pflegen, andererseits aber auch der spezifischen sachgerechten Zugänge. Was die Naturwissenschaften betrifft, so bietet das Experiment im didaktischen Sinn den Königsweg. Damit ist aber kein Lehrgang gemeint, sondern ein Punkt, an dem die Potentiale des naturwissenschaftlichen Vorgehens zum Vorschein kommen. Die Einrichtung von Lehrgängen, wie ich sie eingangs beschrieben habe, ist eine Option, die in der gegenwärtigen Situation für die Grundschule nicht verfügbar erscheint. (Die Frage, ob diese Lehrgänge nicht in sich einen didaktischen Anspruch enthalten, der noch nicht abgegolten ist und durch die Faktizität der Entwicklung auch gar nicht abgegolten werden kann, ist damit aber noch nicht entschieden. Ihr nachzugehen würde gegenwärtig eine Konstruktion "ins Blaue hinein" bedeuten.) Eine Begegnung von Kindern und ihren

Lernbedürfnissen mit dem Anspruch der Wissenschaften kann im Sachunterricht arrangiert werden. Ob rätselhafte Erscheinungen den Ausgangspunkt kleiner Forschungs-Aktivitäten darstellen - Wagenscheins am Phänomen orientierter Weg -, oder ob die Rätselhaftigkeit der Dinge der alltäglichen Erfahrung aufgedeckt und zu ihrer Untersuchung eingeladen wird, - wie es Michael Faraday mit seinen Vorträgen über die "Naturgeschichte einer Kerze" im Jahre 1860 auf grandiose Weise vorgeführt hat -, (8) macht keinen entscheidenden Unterschied. Es kommt einzig auf den Prozeß des Sich-Einlassens und Lernens an, der dabei in Gang gebracht wird. Die Qualität dieses Prozesses ist der pädagogisch entscheidende Punkt. Der Erwachsene muß darauf achten, daß der Horizont der kindlichen Forscher erweitert wird, daß sie die Bedingungen wissenschaftlichen Arbeitens berücksichtigen lernen, und vor allem darauf, daß sie das Interesse weiter erhalten und ausbauen, sich mit den einschlägigen Sachverhalten zu befassen.

6. Um die Handhabbarkeit in der Praxis zu erleichtern, sind die Vorschläge für Experimente im Sachunterricht in drei Kategorien unterteilt worden.

Manchmal ist es ihre schiere Lust am Manipulieren von Objekten, die Kinder in einen wissenschaftsförmigen Prozeß verwickelt, manchmal eine Herausforderung oder eine Art Wette, die sie dazu bringt, sich auf den Anspruch der Sache einzulassen. Dazu ein Beispiel:

Die erste Klasse einer Freinet-Schule im Elsaß beschließt, ihrer Partner-Klasse in der Eifel einen Brief zu schreiben, in dem auf Bildern und mit einem Satz das Ergebnis der Schwimm- und Sinkversuche dargestellt ist, mit denen sich viele Kinder in den letzten Wochen befaßt haben. Der Satz heißt: Im Wasser gehen alle Steine unter. Nach zwei Wochen kommt als Antwort aus der Eifel ein Paket, das einen Bimsstein enthält. Der geht in der wassergefüllten Schüssel nicht unter. Ob er es auch schafft, oben zu bleiben, wenn er einer wirklich großen Menge Wasser konfrontiert ist, fragen einige Kinder. Sie nehmen den Stein mit ins Schwimmbad. Aber selbst dann, wenn sie ihn lange unter Wasser gedrückt haben, schnellt er wieder an die Oberfläche empor, sobald man ihn losläßt. Trotzdem wollen sie das Ergebnis nicht akzeptieren. Ein Lehrer an der gleichen Schule, von dem bekannt ist, daß er Mineralien und Fossilien sammelt, wird als Experte befragt. Er erzählt von den Vulkanen, von der Vulkanasche und von der Erstarrung der brodelnden Masse. Die Kinder schreiben einen neuen Brief an ihre Partnerklasse. Darin heißt es: Es ist Luft in dem Stein. Wäre keine Luft darin, würde er untergehen. Wir haben doch recht. (9)

---

(7) Henry Miller: Wendekreis des Steinbocks. Reinbek bei Hamburg: Rowohlt 1953, 134/135

(8) Michael Faraday: Naturgeschichte einer Kerze. Mit Einleitung und Biographie von Peter Buck. Bad Salzdetfurth: Franzbecker, 1979; eine Reihe von Beispielen und Vorschlägen im Praxisteil dieses Textes sind Adaptationen der Faradayschen Vorlesung

(9) Das Beispiel ist mir von der Lehrerin Anne-Marie Mislin in Ottmarsheim im Jahre 1982 erzählt worden.

Es mag auch sein, daß ein ursprünglich eher dem ästhetischen Bereich verhaftetes Motiv, einen Gegenstand abzubilden, hinführt zum genauen Beobachten und schließlich zum Aufstellen kleiner Hypothesen, die untersucht werden wollen, weil sie einen eigenen Schwung entwickeln, der eine planvolle Reaktion der Beobachtenden erfordert. Schematisch kann man dies Momentum, diesen Schwung in Gestalt einer Daten-Hypothesen-Spirale abbilden, die einen Erkenntnis-Fortschritt mit sich bringt:

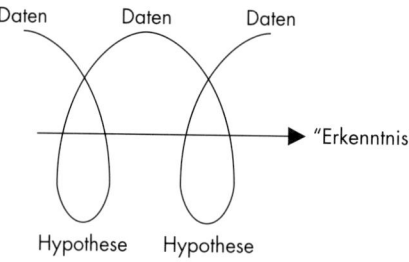

Beobachtungen führen zu Vermutungen, die durch neue, andere Beobachtungen überprüft werden müssen, die ihrerseits neue Vermutungen hervorbringen usw. Diese Bewegung geht in Richtung einer fortschreitenden "Erkenntnis".

Interessant sind die Stellen, an denen sich eine solche streng logische Folge der Aktivität des Beobachtens mit anderen Folgen trifft und überlagert: Der Blick für die Schönheit von Formen, der Sinn für ihre Beziehung zum Betrachtenden hat dort ebenfalls Raum, wo es nicht um die Vermittlung einer Lehr-Sequenz geht. In diesem Zusammenhang soll nur kurz an die Möglichkeit von Interdisziplinarität und an die Notwen-

digkeit erinnert werden, eine umfassende Sicht der Wirklichkeit zu pflegen. Das hier vorgetragene Verständnis von "Experiment im Sachunterricht" schließt einen Umgang mit den Dingen ein, der nicht unbedingt auf die fachspezifische Kompartimentierung der Perspektive hinausläuft, und damit eine umfassende Sicht der Welt mit dem Blick auf Verbindungen ermöglicht, die sonst selten in der Schule verfolgt werden, wie etwa die zwischen Ästhetik und Naturwissenschaft.

Eine weitere Kategorie des Experiments in unserem Sinne bilden Untersuchungen oder Erhebungen, die als Projekte planvoll entwickelt werden. In der Regel ist ihnen eine Phase vorausgegangen, die Kinder hinreichend wißbegierig hat werden lassen, um die Arbeit am Projekt zu wünschen. Jetzt soll ein vergleichsweise komplexer Sachverhalt planvoll untersucht werden. Die Untersuchung will organisiert, in Abschnitte untergliedert und dokumentiert sein. Die Verhandlungen über den Plan bieten eine gute Gelegenheit, den demokratischen Prozeß des gemeinsamen Planens zu üben: Die Kinder entscheiden in Beratungs-Gesprächen selber über das Notwendige: Welches Material benötigt wird, welche Aufgaben zu übernehmen, welche Rollen einzunehmen sind, und wer jeweils die Verantwortung für das Gelingen (vor der Gruppe) hat.

Nun, die Funktion des vorliegenden Textes ist es vor allem, Anregungen für die Praxis des Sachunterrichts zu geben. Der theoretische Vorspann dient lediglich dazu, einige Bezugspunkte der didaktischen Diskussion in Erinnerung zu rufen, die weiterhin zu verfolgen unter dem Gesichtspunkt der Theorie-Bildung sinnvoll wäre. Die Praxis-Anregungen sind sprachlich äußerst knapp gehalten, nur das Notwendigste ist gegeben. Diese Sprachform resultiert aus der Absicht, interessierte Kolleginnen ohne Umschweif zur Sache zu bringen. Gegenstände liegen im Zentrum der angebahnten Verhandlungen um Sachen. Die Verhandlungen selbst entsprechen dem Handlungsinteresse der Kinder. Sämtliche Aktivitäten sind erprobt. Die fachkundige Leserin wird manche Anregung wiedererkennen, der sie in der Literatur begegnet ist, oder die sie aus dem Kanon ihres eigenen Unterrichts kennt. Gleichzeitig bin ich ziemlich sicher, auch eine Reihe von Anregungen gesammelt zu haben, die weiterhin bisher unbekannt sind. Sie stammen zum Teil aus dem internationalen Kontext. Ich verstehe die vielen Bemühungen um eine interessante Gestaltung des Unterrichts, welche sich an der Vermittlung zwischen dem Anspruch der Dinge und Sachverhalte mit den Interessen der Kinder abarbeiten, als einen Gesprächs-Zusammenhang, in dem es vor allem um die Qualität des Unterrichts selbst geht. Auf eine Auflistung der Quellen möchte ich deshalb verzichten. Sie müßte ohnehin ungenau werden, denn das meiste ist so oft weitergegeben und verändert worden, daß der Ursprung nicht ausgemacht werden kann. Verweise zu weiteren und zu genaueren Darstellungen sind den einzelnen Anregungen und Vorschlägen unmittelbar beigegeben.

Drei Kategorien des Experiments im Sachunterricht sind zugrundegelegt, und die Anregungen sind ihnen zugeordnet:

KATEGORIE 1
Aufgabe, Rätsel, Problemstellung, Herausforderung

Ein lösbares Problem wird als Aufgabe zur Lösung gestellt. Einzelne oder Gruppen nehmen die Herausforderung an. Es gibt mehrere Lösungsmöglichkeiten. Die Lösung erfordert technische Kreativität und/oder praktisches Manipulationsgeschick.

KATEGORIE 2
Untersuchung, Umfrage, Erhebung

Ähnlich wie beim Vorhaben- oder Projektunterricht beschließt die Schulklasse oder Kindergruppe, einen Sachverhalt der Wirklichkeit zu erforschen. Die Arbeit wird gemeinsam geplant und gruppenweise durchgeführt. Dabei wird ein Instrument oder eine Methode eingesetzt, die als Schlüsselidee betrachtet werden kann und hier beschrieben werden soll. Die Ergebnisse der Untersuchung hängen von der jeweiligen Situation ab. Sie werden typischerweise festgehalten und der Schul-Öffentlichkeit in Form einer Ausstellung, eines Berichts o. ä. präsentiert.

KATEGORIE 3
Abbildung, Darstellung

Eine Technik der Darstellung oder Abbildung wird geübt. Die Kinder arbeiten in der Regel einzeln, seltener gruppenweise. Gefördert wird das "genaue Hinschauen" und die Fähigkeit der Darstellung, nicht ohne ästhetischen Anspruch.

Folgende Anwendungs-Situationen stelle ich mir für den Sachunterricht vor:

Die Aktivitäten der **KATEGORIE 1 Aufgabe, Rätsel, Problemstellung, Herausforderung** können "aus dem Stand", manche sogar als eine Überraschung "mitgebracht" werden. Das notwendige Material muß selbstverständlich vorher zusammengetragen worden sein. Einige der Aktivitäten sind für den Aufenthalt im Schullandheim hervorragend geeignet, vor allem die Aufgaben, deren Lösung Kooperation verlangt. Gemessen am Anspruch des naturwissenschaftlichen Experiments umfaßt diese Kategorie allenfalls Vorübungen, aber bei allen spielt die Lust am Sich-Einlassen-auf-Probleme eine wichtige Rolle. Die Rätsel und Aufgaben sind allesamt lösbar. Damit soll das Interesse der Kinder an derartigen Zugängen aufrecht erhalten werden. Es ist wichtig, daß die Experimentier-Aktivitäten nicht dazu führen, daß die Türen für weitere naturwissenschaftlich orientierte Tätigkeiten zugeschlagen werden. Das Wichtigste, das die Schule überhaupt vermitteln kann, ist das Interesse am weiteren Lernen, wie John Dewey einmal formulierte. In diesem Sinn dienen die Aufgaben der Kategorie 1 dazu, "Lust aufs Experimentieren" zu wecken.

Die Vorschläge zur **KATEGORIE 2 Untersuchung, Umfrage, Erhebung** betreffen komplexere Sachverhalte, die über einen Zeitraum von zwei oder mehr Wochen untersucht zu werden verdienen. Um etwas ähnliches im Unterricht durchzuführen, müssen die Kinder bereits kleinere Aktivitäten unternommen haben, und es muß ein gewis-ser Zusammenhalt in der Gruppe bestehen, damit die Planungs-Arbeiten überhaupt angegangen werden können. Es gilt auch zu bedenken, daß die Anregungen je nach der tatsächlich gegebenen Situation modifiziert werden müssen. Wenn aber alle diese Bedingungen erfüllt sind, so gehören die Unternehmungen dieser Kategorie zum Erfreulichsten, das im Sachunterricht geleistet und erlebt werden kann.

Die Techniken, die unter **KATEGORIE 3 Abbildung, Darstellung** zusammengestellt sind, dienen der Übung des genauen und angemessenen Beobachtens, die ja auch für den ästhetischen und den sprachlichen Bereich des Unterrichts wichtig ist. Deshalb bietet es sich an, diese Aktivitäten als Ausgangspunkte für lernbereichsübergreifende Unterrichts-Einheiten zu nutzen. Insbesondere für die Umwelterziehung finden sich hierbei viele Anknüpfungspunkte.

Kategorie 1

AUFGABE
RÄTSEL
PROBLEMSTELLUNG
HERAUSFORDERUNG

Ein lösbares Problem wird als Aufgabe zur
Lösung gestellt. Einzelne oder Gruppen nehmen die Herausforderung an. Die Probleme
sind lösbar. Es gibt mehrere Lösungsmöglichkeiten. Die Lösung erfordert technische
Kreativität und/oder praktisches Manipulationsgeschick.

Turmbau

Gegeben für jede Gruppe: Stapelweise Zeitungen, eine Spule Garn oder Bindfaden, die handtellergroße Kreidezeichnung eines Kreises auf dem Fußboden.

Aufgabenstellung: Baut einen Turm, dessen Standfläche innerhalb des Kreidekreises auf dem Fußboden, und dessen Spitze eine Handbreit unterhalb der Decke des Raumes ist!

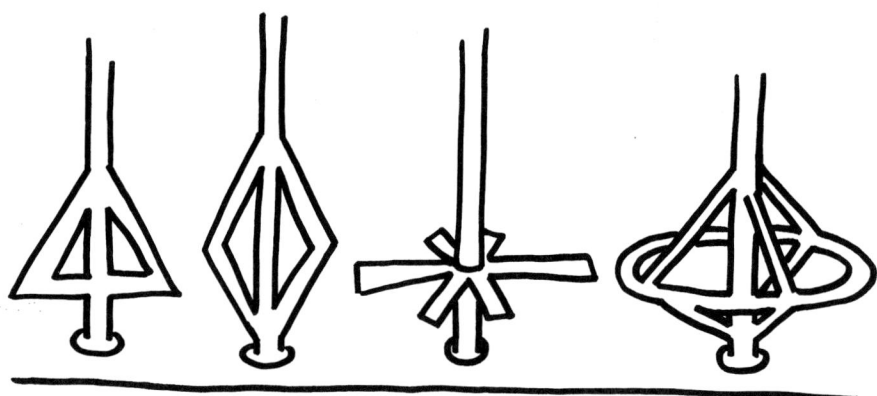

Wecker

Gegeben: Ein Wecker mit mechanischem Uhrwerk und mechanischem Läutwerk, ein Stück Faden oder Schnur, ein Teelicht, ein Dreifuß oder ähnliche Haltevorrichtung, ein mit Wasser gefülltes, feuerfestes Gefäß.

Aufgabenstellung: Das wassergefüllte Gefäß steht auf dem Dreifuß. Darunter steht das brennende Teelicht. Erfinde eine Vorrichtung, die dafür sorgt, daß die Erhitzung des Wassers nach genau einer halben Stunde beendet wird!

Das Juwel in der Mumie

Gegeben für jede Gruppe: Entweder das Material zur Herstellung der Mumie oder eine fertige Mumie.

Die Mumie wird aus einer großen Plastikflasche (Cola o. ä.) mit Hilfe von Bandagen und Papier zum Ausstopfen von Kopf und Füßen mehr oder weniger kunstvoll angefertigt, in der Mitte ("Nabel") bleibt eine Stelle frei; hier wird ein Loch durch die Plastikfolie gebohrt, das groß genug ist, um eine kleine Glasperle hindurchzulassen.

Trinkhalme aus Plastik, Blumendraht.

Aufgabenstellung: Entweder baut jede Gruppe zunächst "ihre Mumie". Oder die Mumien sind anderswo gebaut worden (z. B. von der Nachbarklasse), und die Aufgabe wird folgendermaßen in eine Geschichte gekleidet: Bei Ausgrabungsarbeiten in Ägypten ist eine kostbare Mumie entdeckt worden. Sie darf nicht zerstört werden. Aber durch ein kleines Loch in der Nähe des Nabels haben Wissenschaftler das sog. "Juwel des Nil" entdeckt. Gibt es eine Möglichkeit, dies Juwel zu entfernen, ohne die Mumie zu zerstören?

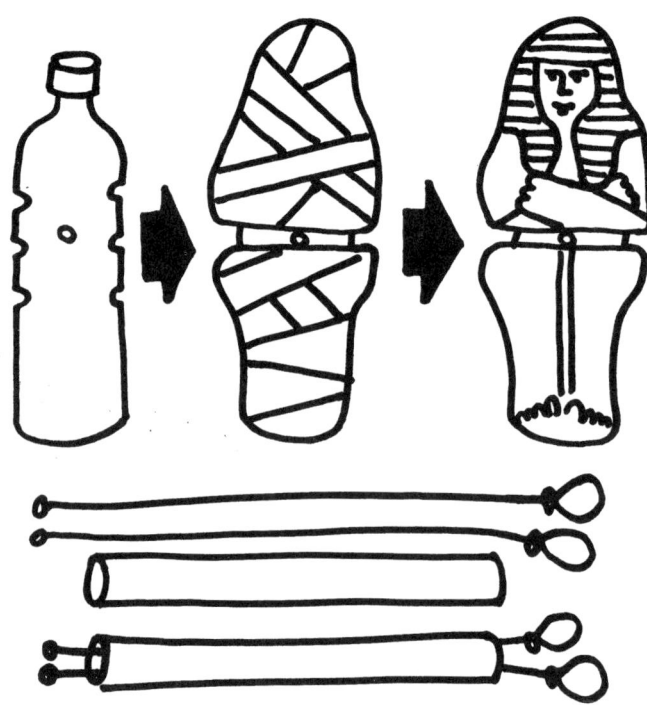

Erfindungen entwerfen

Gegeben: Einige Bögen Papier, Stifte zum Zeichnen.

Aufgabenstellung: Die folgenden Probleme können in Geschichten eingekleidet dargestellt werden. Oft genügt aber die Aufgabenstellung selbst. Die Ergebnisse können ausgestellt und vorgeführt, sie sollten von den Zeichnern genauer erläutert werden.

– Bau eine bessere Mausefalle!
– Wiege einen Elefanten!
– Entwirf eine Maschine, die kämpfende Katzen und Hunde voneinander trennt!
– Entwirf ein hundesicheres Briefträger-Fahrrad!
– Erfinde eine überflüssige Maschine!
– Verbessere den menschlichen Körper!
– Bau ein Haus schneller!
– Entwirf eine Fitness-Anlage für Hunde!

Treibgut

Gegeben: Verschließbares Kästchen, das mit Süßigkeiten o. ä. gefüllt ist ("Schatzkiste"), Plastikdöschen mit Deckel; Rohr (Baumaterial: Stück Abflußrohr) von etwa einem Meter Länge; Haushaltshandschuh aus Gummi und Gummibänder (Weckringe); in den Boden getriebener Pfosten, Stange o. ä.; durchlöcherter Eimer, Wasserquelle oder Zapfstelle in der Nähe.

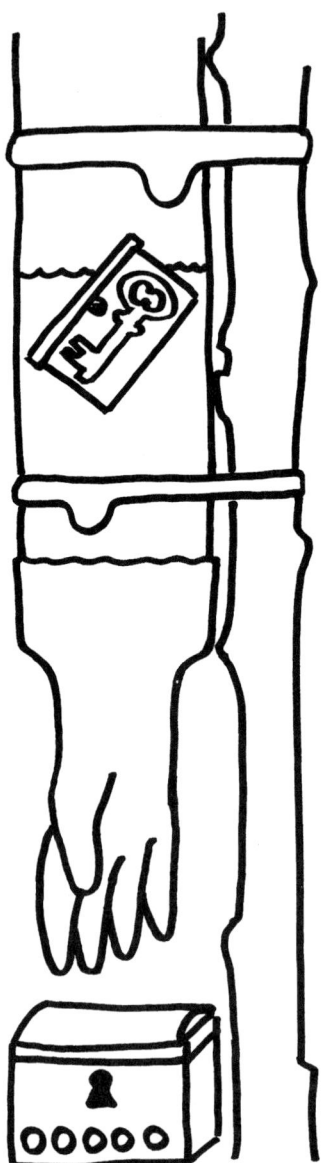

Aufgabenstellung: Über das untere Ende des Rohres wird der Haushaltshandschuh gestülpt und mit Hilfe der Gummibänder festgehalten. Das Rohr wird mit den gleichen oder anderen Gummibändern an einem Pfosten mit der Öffnung nach oben befestigt. Die Schatzkiste wird gezeigt und verschlossen, der Schlüssel abgezogen, in das Plastikdöschen gesteckt, verdeckelt und in das Rohr hineingeworfen. Wenn die Kinder das Döschen mit dem Schlüssel aus dem Rohr herausbekommen, ohne das Rohr selbst zu berühren, können sie die Schatzkiste öffnen und der Schatz gehört ihnen.

Eine Lösung besteht darin, so viel Wasser in das Rohr einzufüllen, daß das Plastikdöschen mit dem Schlüssel nach oben treibt. Dazu kann der Eimer dienen, der durchlöchert ist, um das Spiel spannender zu machen. Außerdem kann weiteres Material - Stöcke und Bindfäden - bereitgelegt werden, teils zur Erschwerung, teils um weitere Lösungsmöglichkeiten durchzuprobieren.

Schokolade und Haifische

Gegeben: Kreidekreis, auf dem Schulhof aufgezeichnet, von etwa zehn Metern Durchmesser, in dessen Mitte ein umgestürzter Eimer, darauf eine große Plastikflasche mit Schraubverschluß; außerhalb des Kreises liegen Stangen, einige Stücke Band oder Tau, drei oder vier Garnknäuel, einige Gummibänder und Weckringe.

oder vier Leute fassen die Enden der Seile und verteilen sich um den Kreis, spannen den Gummiring so weit auf, daß er über die Plastikflasche herabgesenkt werden kann, wo er durch vorsichtiges Nachgeben sich um die Flasche schließt, die dann leicht ans Ufer zu retten ist. Andere Lösungen sind möglich.

Augabenstellung: In Wirklichkeit ist das Innere des Kreises ein See aus Schokoladensauce, in dem es allerdings von Haifischen nur so wimmelt. Wer in das Becken auch nur mit einem Fuß hineintritt, wird sofort aufgefressen und muß ausscheiden. Auch wird jeder Gegenstand, der das Innere des Kreises berührt, sofort verschlungen. Aufgabe ist es, die Plastikflasche herauszuholen und ans rettende Ufer zu bringen.

Eine Lösung besteht darin, daß an einen der Gumiringe drei oder vier längere Seile angeknüpft werden; drei

Der kartesianische Taucher

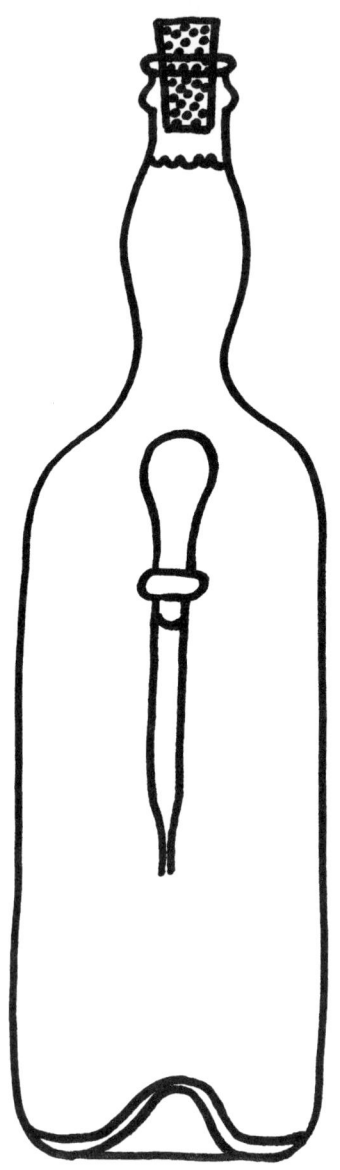

Eine Flasche (möglichst weißes Glas) wird mit Wasser gefüllt, eine Pipette wird so weit mit Wasser gefüllt, daß sie mit dem oberen Gummirand den Wasserspiegel im Innern der Flasche berührt, in den Flaschenhals wird ein Korken gesteckt oder: eine Gummiverschlußkappe wird über den Flaschenhals gezogen.

Drückt man auf den Korken, so sinkt die Pipette zum Boden der Flasche hinab, zieht man den Korken ein Stück weit nach oben, so steigt auch die Pipette empor.

Variationen: Der Effekt kann auch mit einem abgebrannten Streichholz oder mit einem Stück Orangenschale anstelle der Pipette erreicht werden.

Ein großer runder Glas-Behälter (Ballon) kann mit Wasser gefüllt, mit mehreren Pipetten bestückt und mit einer Gummihaut bespannt werden; trommelt man auf die Gummihaut, so "tanzen" die U-Boote (Pipetten) auf und ab.

Auf Jahrmärkten sind öfters kleine gläserne "Flaschenteufel" zu kaufen, die sich wie die Pipette in der Flasche verhalten, aber - da sie eine seitlich gewundene Öffnung haben - beim Auf- und Niedersteigen um die eigene Längsachse herumwirbeln.

Das Spielzeug ist nach Kartesius (niederländischer Name des Philosophen Descartes) benannt, der es erfunden haben soll. Wer findet durch genaues Beobachten die richtige Erklärung für den "U-Boot"-Effekt ?

Wie funktioniert die Fixativspritze?

Die Fixativspritze ist ein einfaches Gerät, das in Kunstbedarfshandlungen erhältlich ist. Es besteht aus zwei metallenen Röhrchen, die mit einem Scharniergelenk an einer Seite so miteinander verbunden sind, daß die Öffnungen der Röhrchen einander berühren, wenn die Spritze völlig aufgebogen ist; dann stehen die Röhrchen im rechten Winkel zueinander.

Taucht man das längere, schmalere in ein Glas Wasser und bläst durch das kürzere, dickere hindurch, so sprüht das Wasser in einem feinen Nebel vorne heraus. Künstler benutzen das Instrument seit langer Zeit, um Fixativ - eine dünne schützende Lackschicht - auf Kohlezeichnungen aufzutragen. Auch Kinder können das Gerät nutzen, um beispielsweise ein Gesteck aus getrockneten Blättern und Wald-früchten als Weihnachtsdekoration mit Gold- oder Silber-bronze einzusprühen. Umgekehrt sind in der Spraydose - Haarspray u.a. - ähnliche Vorrichtungen enthalten, die mit Treibgas funktionieren (und damit die Gefahr einer Ausdünnung der schützenden Ozon-schicht vermehren).

Um herauszufinden, wie die Fixativspritze funktioniert, sei auf die Kapillarwirkung verwiesen, die im Kontext der Aktivitäten zur Kerzenflamme vorgeführt wird.

Saugheber

Man braucht zwei Glasbehälter (zur Not auch Eimer) und einen möglichst transparenten Schlauch von etwa 1 Meter Länge. Einer der Behälter wird mit Wasser gefüllt und auf einen Stuhl gestellt, der - für alle sichtbar - auf einem Tisch steht. Der zweite bleibt leer und steht tiefer. Schlauch U-förmig halten und am Wasserhahn mit Wasser füllen, beide offenen Enden mit den Daumen verschlossen halten, das eine Ende in das Wasser des oberen Behälters stecken, das andere Ende in den unteren Behälter hineinhalten, Daumen abheben.

Oder: Den leeren Schlauch in den oberen Behälter hineinhalten und durch den Mund Wasser ansaugen, das andere Schlauchende in den unteren Behälter hineinhalten. Das Wasser fließt durch den Schlauch vom oben stehenden in den tiefer stehenden Behälter hinein. Hält man den Schlauch auf den Grund des oben stehenden Behälters, so wird er völlig geleert. Man verwendet die Technik u.a. bei der Entnahme von Flüssigkeitsproben aus Tanks (Wein, Öl). Weil dabei Flüssigkeiten "über den Rand" hinüber gehoben werden, spricht man vom Saugheber oder auch Siphon.

Wer kann erklären, wie die Sache funktioniert? (Luftdruck, Schwerkraft)

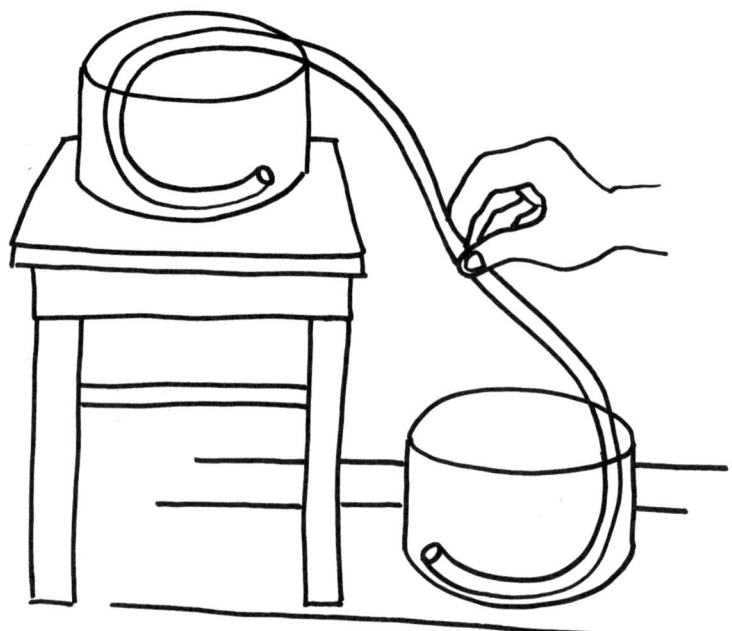

Wie sieht die Maschine im Innern aus?

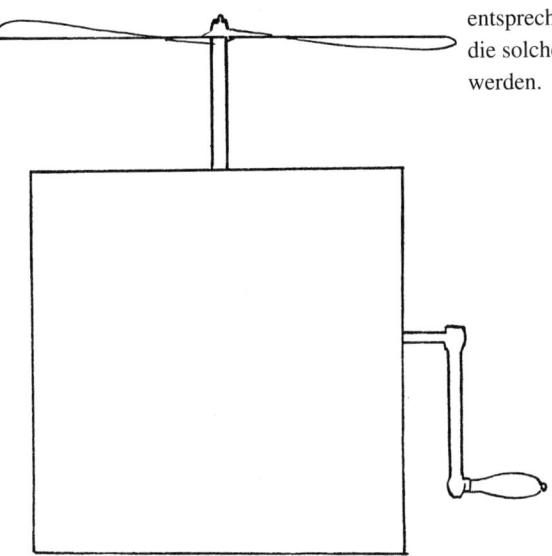

entsprechenden Baukästen (von den Kindern, die solche Baukästen besitzen) vorgeführt werden.

Zeichne den inneren Mechanismus dieser Windmaschine!
(Erschwert) Zeichne den inneren Mechanismus so, daß sich der Propeller viele Male dreht, wenn die Kurbel einmal herumgedreht wird!
(Kreativ) Zeichne, welche witzigen und unglaublichen Ereignisse sich im Innern tatsächlich abspielen!

Die Zeichnungen werden nebeneinander an die Wand geklebt und erläutert (- dabei auch korrigiert). Ähnliche Aufgaben erfinden lassen.
Es geht um das Vorstellungsvermögen für mechanische Vorgänge. Zahnräder und Transmissionsriemen können mit Hilfe von

31

Backstein auf Papierbogen

Ein Backstein wird herumgereicht; jeder wiegt ihn in der Hand und erinnert das Gewicht. Büroklammern und Papierbögen werden ausgeteilt:

Wer kann mit der geringsten Menge Papier und Büroklammern eine Konstruktion bauen, die den Backstein trägt? (Während des Baues ist das Probieren mit dem Stein nicht möglich.)

Eine Million darstellen

Die Aufgabe (für Gruppen) heißt: Stellt
etwas her, das zeigt, wieviel eine Million ist!
Verbinden mit "Schätzen großer Anzahlen".

Blätter ordnen

Gegeben ist je Gruppe eine Vielzahl von Blättern verschiedener Bäume, die vielleicht vorher auf einem Spaziergang gesammelt wurden. Wer kennt die Namen? Die Aufgabe besteht darin, die Blätter so zu ordnen - evtl. auf einem großen Papierbogen, wo sie auch aufgeklebt werden können -, daß jedes Blatt eine genaue Stelle im System findet. Dabei kann die genaue Betrachtung des Blattrands zugrundeliegen: gebuchtet, gelappt, gezähnt, gesägt.

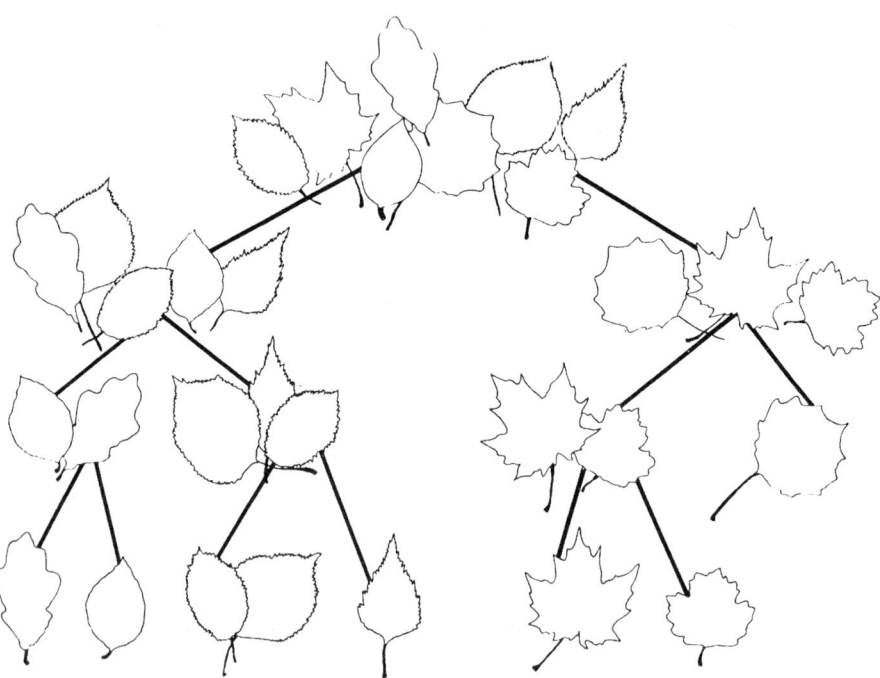

Feuerlöscher

Gegeben: Kleine Flasche, Klumpen Knetgummi (Plastilin), Trinkhalm, Backpulver und Essig, brennende Kerze.

Aufgabenstellung: Schüttet man Essig auf Backpulver, so entsteht ein Gas - Kohlendioxid - (Vormachen, Ausprobieren); wie kann diese Reaktion für den Bau eines Feuerlöschers nutzbar gemacht werden?

Welche Gruppe kann mit den gegebenen Materialien zuerst einen Feuerlöscher bauen, der die Kerzenflamme tatsächlich auslöscht?

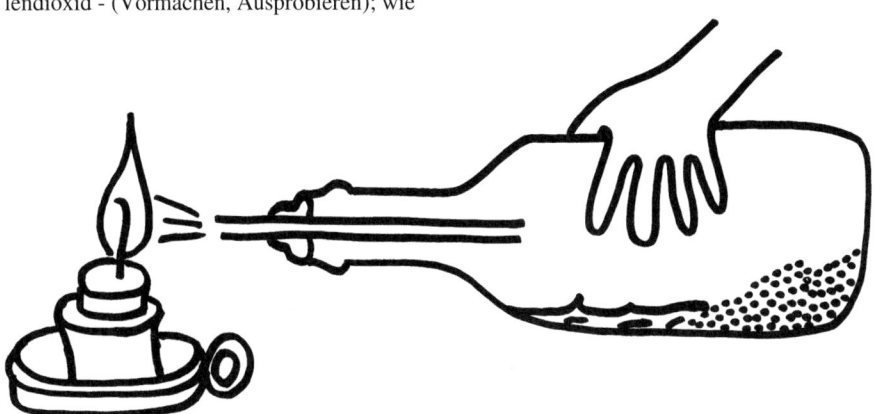

Die "schwimmende" Stecknadel

Gegeben: Stecknadeln, Büroklammern, evtl. Rasierklingen, Trinkgläser oder Schalen, Kanne mit Wasser, Spülmittel, Lösch- bzw. Zeitungspapier.

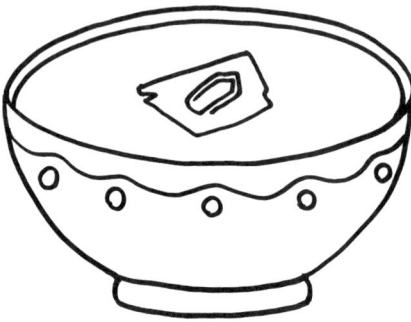

Aufgabe: Wer kann die Stecknadel so auf die Wasser-Oberfläche (eines mit Wasser gefüllten Glases oder einer wassergefüllten Schale) legen, daß sie nicht untergeht?
Wenn man zuerst einen Fetzen Löschpapier (oder Zeitungspapier) auf die Wasseroberfläche legt, und dann die Stecknadel oder Büroklammer oder Rasierklinge darauf, kann man abwarten, bis der Papierfetzen sich voll Wasser gesogen hat und untergeht; dann liegt die Nadel allein auf der Oberfläche.

Varianten, Ausbaumöglichkeiten:
Die Wölbung des Wassers am Rande der Nadel beobachten und abzeichnen. Bilder vom Wasserläufer (Käfer, der auf der Oberfläche des Wassers läuft) betrachten und erklären.
Ein Glas Wasser vorsichtig bis zum Rande füllen und dann tropfenweise mehr Wasser hinzugeben; es entsteht ein "Wasserberg": Wer baut den höchsten Wasserberg? Wer kann die schwerste Nadel zum "Schwimmen" bringen?
Mit Hilfe eines Hölzchens (Zahnstocher) einen winzigen Tropfen Spülmittel auf die Wasseroberfläche geben: Die Nadel versinkt sofort, der Wasserberg fällt sofort in sich zusammen; der Wasserläufer würde untergehen, selbst eine Ente müßte versinken.
Evtl. das Konzept "Oberflächenspannung" erklären: Brücken bilden sich zwischen den einzelnen winzigen Wasserteilchen; sie werden durch das Spülmittel chemisch zerstört. Wer kann den Unterschied zwischen "Schwimmen" und "Von der Oberflächenspannung getragen werden" erklären und mit Hilfe eines kleinen Schiffchens vorführen?

Kartondeckel hält Wasser im Glas

Gegeben: Trinkgläser, Wasser; Kartons, Glasscheiben, Plastikfolie (jeweils postkartengroß)

Aufgabe: Erkläre, wieso das Wasser im Glas bleibt, wenn ich das Glas halb voll Wasser fülle, mit dem Karton abdecke, meine linke Hand darauf lege, das Glas mit der rechten Hand emporhebe und umdrehe und schließlich meine linke Hand von dem Kartonstück fortnehme!
Probier es selber!
Sind Unterschiede zu beobachten, wenn das Glas "gestrichen voll" mit Wasser gefüllt oder wenn nur gerade eben der Boden bedeckt ist? Zeigen sich Unterschiede, wenn man anstelle des Kartonstücks eine Glasscheibe nimmt? Funktioniert es auch mit Seifenlauge, mit Essig, mit Öl?

Warnung: Es handelt sich hier um ein "echtes Rätsel", denn die in manchen Physikbüchern gegebene Erklärung, wonach der äußere Luftdruck das Wasser im Glase hält, würde ein Teil-Vakuum im Innern des Glases voraussetzen, das es aber tatsächlich nicht gibt: Der Luftdruck im Innern ist so hoch wie außen; die Sache funktioniert auch, wenn das Glas vollkommen mit Wasser gefüllt ist. Allerdings: Wenn das Glas mit einer harten Fläche - etwa einer Glasscheibe - abgedeckt wurde, ist zu beobachten, daß die Wassermasse

zwischen dem Rand des umgedrehten Glases und der Scheibe für eine winzige Strecke "für sich" bleibt, umgeben nur von Luft: Ob hier ein Schlüssel zum Verständnis des Vorganges liegen könnte?

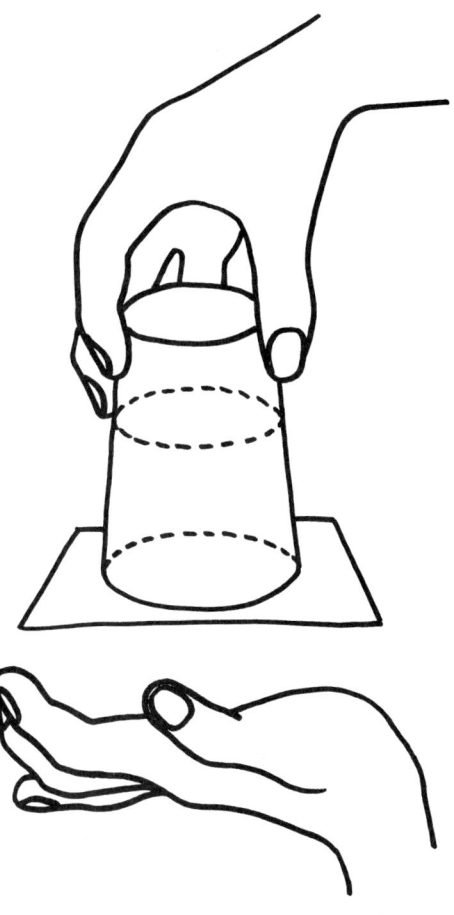

Höhe von Bäumen (Masten; Häusern; Türmen) messen

Sonnenschein ist erforderlich, um die Höhe großer Objekte anhand ihrer Schatten zu messen. Ein Bandmaß wird benötigt, ein Lineal, ein Brettchen, auf dem an einer Seite ein Nagel eingeschlagen ist. Angesichts eines geeigneten freistehenden Baumes erhebt sich die Frage: Wie hoch ist er?

Der Nagel soll aus dem Brettchen möglichst so weit herausragen, daß sich eine bestimmte Zentimeter-Zahl ergibt, z.B.: 8 cm. Entlang dem Brettchen befestigt man das Lineal so, daß der Ausgangspunkt "0" mit dem Fuß des Nagels übereinstimmt. Die Messung beruht auf dem Vergleich der Schattenlänge des Baumes mit der des Nagels auf dem Brettchen. Der Schatten des Baumes wird auf dem Boden entlang mit dem Bandmaß ausgemessen.

(Darauf achten, ob tatsächlich die Spitze des Baumes und nicht etwa ein Seitenast den längsten Schatten wirft.) Das Brett mit dem Nagel flach auf den Boden legen und so drehen, daß der Schatten des Nagels entlang dem Lineal fällt; ablesen, Dreisatz anwenden: Wenn bei 8 cm Nagel-Länge der Schatten 10 cm lang ist, und der Schatten des Baumes 6 m lang ist, so ergibt sich die Höhe des Baumes:

$$8/10 = H/600, H = 4800/10 = 480 \text{ cm}$$

Für eine einfachere Methode, die ohne Schattenwurf und ohne Rechnung auskommt, braucht man nichts anderes als ein Lineal, eine ruhige Hand, einen Partner und ein Bandmaß: Das Lineal wird aus der Entfernung so gehalten, daß es die Strecke vom Fuß bis zum obersten Wipfel des Baumes abdeckt, und dann um den Drehpunkt "Fuß des Baumes" im rechten Winkel so gedreht, daß die gleiche Strecke auf den Boden fällt. Der Partner muß an den Endpunkt der Strecke dirigiert werden und dort bleiben, bis die Entfernung zwischen seinem eigenen und dem Fuß des Baumes mit dem Bandmaß ausgemessen ist. Sie entspricht der Höhe des Baumes.

Vielleicht gibt es eine noch einfachere Methode?

Bau einer Präzisions-Waage

Gegeben: Plastik-Trinkhalme (gerade, ohne eingearbeitete Biegung o.ä.), Stecknadeln; als Auflage für die Waage Bücher, Dosen, Holzklötze o.ä.; Joghurtbecher, Zwirn, Briefklammern, Grammgewichte.

Aufgabenstellung: Stecke eine Stecknadel quer durch die Mitte des Trinkhalmes und wiege ihn zwischen zwei Holzklötzen aus. Finde die Balance, wenn auf dem einen Waagarm eine Büroklammer, auf dem anderen zwei Büroklammern sind. Baue aus Joghurtbechern und Zwirn zwei Waagschalen und befestige sie so auf den Enden der Waagarme, daß Gleichgewicht entsteht.

Wofür man die Waage verwenden kann: Vorstufe zum Bau einer stabileren Waage, Auswiegen verschiedener Leichtgewichte mit Briefklammern als "Gewichtsteinen": Wie viele Briefklammern wiegt eine Feder, ein Pfennig, ein Bogen Papier? Das Gewicht von Briefklammern mit Hilfe einer Briefwaage ermitteln und in Gramm umrechnen.

An dem einen Waagarm anstelle des Bechers eine flache Plastikscheibe mit Hilfe eines durch die Mitte der Scheibe getriebenen Hakens(aufgebogene Büroklammer) an Zwirn aufhängen und auf die Oberfläche einer wassergefüllten Schale legen. Am anderen Waagarm mit Hilfe von Büroklammern die Kraft messen, mit der die Oberflächenspannung des Wassers die Plastikscheibe festhält. Scheiben verschiedener Größe benutzen, mit Aktivität "Die schwimmende Stecknadel" verbinden (S. 36).
Mit Aktivität "Schätzen großer Anzahlen 1" verbinden (S. 70).

Kategorie 2

UNTERSUCHUNG
UMFRAGE
ERHEBUNG

Ähnlich wie beim Vorhaben oder im Projektunterricht beschließt die Schulklasse oder
Kindergruppe, einen Sachverhalt der Wirklichkeit zu erforschen. die Arbeit wird
gemeinsam geplant und gruppenweise durchgeführt. dabei wird ein Instrument oder eine
Methode eingesetzt, die als Schlüsselidee betrachtet werden kann und hier beschrieben
werden soll. die Ergebnisse der Untersuchung hängen von der jeweiligen Situation
ab, sie werden typischerweise festgehalten
und der Schulöffentlichkeit in Form einer
Ausstellung, eines Berichts o. ä. präsentiert.

Tümpeln

Benötigtes Material: Bestimmungstabelle, Lupen, Kescher, weiße (Plastik-)Tabletts. Die Untersuchung wird an einem Fließgewässer oder an einem See oder Teich durchgeführt. Die Kinder arbeiten gruppenweise.

Idee: Es ist bekannt, daß Kleintiere, die im Boden von Gewässern leben, mehr oder weniger Sauerstoff brauchen. Sie sind sog. Bio-Indikatoren: Wo Tiere zu finden sind, die viel Sauerstoff brauchen, typisch Steinfliegenlarven und Köcherfliegenlarven, kann auf einen hohen Sauerstoffgehalt des Gewässers geschlossen werden. Wo man ausschließlich solche Tiere findet, die mit sehr wenig Sauerstoff auskommen, typisch Tubifex und Rattenschwanzlarven, kann auf einen niedrigen Sauerstoffgehalt des Gewässers geschlossen werden. Der Sauerstoffgehalt eines Gewässers gilt als wichtiger Hinweis zur Ermittlung der Wasserqualität.

Kinder wirbeln in flachen Fließgewässern den Bodenschlamm mit dem Stiefel auf und lassen die Masse von der Strömung in den Kescher treiben. Sie entleeren den Kescherinhalt auf ein weißes Tablett, bestimmen die Tiere anhand der Tabelle und evtl. mit Hilfe einer Lupe und protokollieren ihre Ergebnisse.

Kontext und Ausbaumöglichkeiten:

Auf diese Weise können verschiedene Abschnitte eines Gewässerlaufes (etwa oberhalb und unterhalb der Einleitung einer Fabrik), aber auch verschiedene Gewässer (Bach und Teich) miteinander verglichen werden. Die Untersuchung kann durch chemische Indikatoren (Untersuchung des Nitratgehaltes mit Hilfe von Meßstreifen) ausgebaut werden. Eine Korrespondenz mit Schulklassen in anderen Ländern, die ähnliche Untersuchungen anstellen, ist möglich. Adresse: GREEN (The Global Rivers Environmental Education Network), School of Natural Resources, Dana Building 430 E, University St., University of Michigan, Ann Arbor, MI 48109-1115, USA

Kleine Bestimmungs-Tabelle

Typische Tiere in Gewässern der Güteklasse 1:

Steinfliegenlarve   Flache Eintagsfliegenlarve   Köcherfliegenlarve

Typische Tiere in Gewässern der Güteklasse 2:

Bachflohkrebs   Tellerschnecke   Köcherfliegenlarve
ohne Köcher

Typische Tiere in Gewässern der Güteklasse 3:

Wasserassel   Rollegel   Abwasserpilz
1 cm

Typische Tiere in Gewässern der Güteklasse 4:

Schlammröhrenwurm   Rote Zuckmückenlarve   Rattenschwanzlarve
(Tubifex)

Luftschmutz

Benötigtes Material: Marmeladengläser oder ähnliche Behälter, Klebstreifen, Millimeterpapier, Lupen; die Untersuchung wird an verschiedenen Punkten einer Ortschaft oder eines Stadtviertels durchgeführt; die Kinder arbeiten in Partnergruppen.

Idee: Mit dem sog. Abklatschverfahren kann der Ruß- und Staubanteil der Luft annähernd ermittelt werden. Ein Klebstreifen wird mit Hilfe weiterer Klebstreifen so über die Öffnung des Behälters gespannt, daß die Klebseite nach oben weist. Auf ihr schlagen sich im Lauf der folgenden 24 Stunden die Staub- und Rußteilchen aus der Luft nieder. Extrem niedrige Temperaturen oder Regengüsse beeinträchtigen allerdings diesen Vorgang. Die Kinder stellen ihr Meßinstrument an unterschiedlichen Punkten zur gleichen Zeit auf, holen es dort zur gleichen Zeit

wieder ab, schneiden den Klebstreifen mit einer Schere ab und kleben ihn so (Klebseite nach unten) auf einen Bogen Millimeterpapier, daß mindestens ein Quadratzentimeter abgedeckt ist. Mit Hilfe der Lupe werden die erkennbaren Teilchen von mehreren Kindern nacheinander ausgezählt, die Durchschnittswerte dieser Zählungen ermittelt und die Werte der unterschiedlichen Standorte miteinander verglichen.

Kontext und Ausbaumöglichkeiten:

Die dramatischen Unterschiede, die sich beim Vergleich verschiedener Straßen zeigten, wurden von den Kindern einer Schulklasse auf den unterschiedlichen Autoverkehr zurückgeführt. Daraufhin schloß sich eine Verkehrszählung an. Die Korrelation zwischen Verkehrsaufkommen und Rußbefall wurde erfaßt und in den Lageplan des Ortes eingetragen. Die vielfältige Problematik des Autoverkehrs wurde erörtert. Denkbar ist auch die Ermittlung des Rußbefalls in der Nähe von Kraftwerken und eine Korrespondenz mit Schulklassen in anderen Ländern (international oder mit den neuen Bundesländern).

Literatur: Helmut Schreier: Betrifft Luftverschmutzung. In: "Unterricht heute", September 1973, 408-419.

Mehlwürmer beobachten 1

Benötigtes Material: Einen Becher Mehlwürmer (tenebrio molitor) aus der Zoohandlung (wo sie lebend als Vogel- oder Reptilienfutter nach Gewicht verkauft werden), Einmach- oder Marmeladengläser, Kleie oder Haferflocken, Bleistift und Papier, Lupen.

Idee: Mehlwürmer bezeichnen das Larvenstadium des Mehlkäfers. Ihre Entwicklung ist eine vollständige Verwandlung oder Metamorphose. Ähnlich wie ein Schmetterling durchlaufen sie die Stadien vom Ei über (zweitens) eine Larve, die sich mehrfach häutet, (drittens) eine Puppe bis hin zum (viertens) Mehlkäfer, der zunächst weiß ist und in wenigen Tagen eine schwarze Färbung annimmt. Diese Entwicklung kann im Klassenzimmer und/oder zu Hause von den Kindern unabhängig von der Jahreszeit im Lauf weniger Wochen beobachtet werden. Das genaue Beobachten kann geübt werden.

Einige Gläser zur Beobachtung im Klassenzimmer aufstellen, für interessierte Kinder auch Gläser zum Nachhausenehmen zur Verfügung stellen. Trocken halten! In die Gläser Kleie oder Haferflocken drei Finger hoch einfüllen, Mehlwürmer, Puppen, Mehlkäfer (gewöhnlich sind sämtliche Entwicklungsstadien vertreten) darauf setzen. Aufgabe: Einen Mehlwurm genau abzeichnen; dazu einzelne Tiere auf Papier setzen, Lupen verteilen. Die Bilder vergleichen.
Wie viele Beine hat ein Mehlwurm? Wie bewegt er sich? Können drei Kinder miteinander vorführen, wie sich der Mehlwurm bewegt? Aus wie vielen Abschnitten besteht der Körper des Mehlwurmes?

Zu einem späteren Zeitpunkt die Verwandlung des Tieres beschreiben lassen: Wie oft haben sich die Mehlwürmer gehäutet? Kann sich die Puppe überhaupt bewegen? Ein Bild einer Puppe, eines Käfers zeichnen. Wer hat beobachtet, wie aus der Puppe ein Käfer schlüpft? In wie vielen Stunden ist aus dem weißen Käfer ein schwarzer Käfer geworden? Den Weg vom Ei zum Käfer beschreiben, zeichnen.

Kontext, Ausbaumöglichkeiten:
Das Konzept der vollständigen Verwandlung wird ermittelt und kann auf Schmetterlinge - Diaserie - übertragen werden.

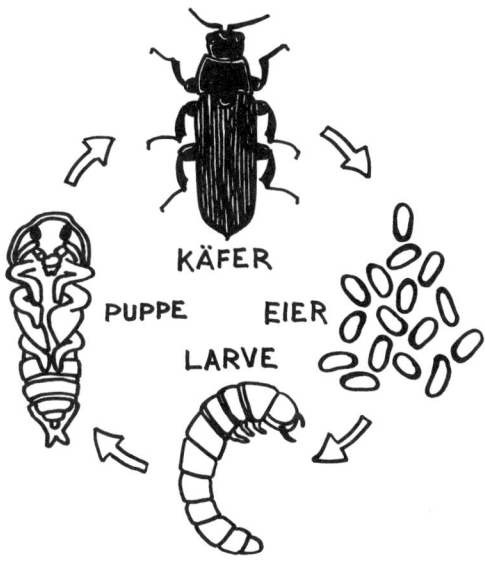

KÄFER

PUPPE   EIER

LARVE

45

Mehlwürmer beobachten 2

Benötigtes Material: Mehlwürmer, ein Dutzend Schuhkartons und Deckel von Schuhkartons, Haferflocken, Kleie, geschabte Möhren, Apfelstücke, Cornflakes, Schnipsel von Zeitungspapier, Q-Tips, Bleistift und Papier.

Idee: Zur genaueren Beobachtung des Verhaltens von Mehlwürmern werden drei Untersuchungen arrangiert.

1. Was fressen Mehlwürmer am liebsten? In jede der vier Ecken eines Schuhkartondeckels wird ein unterschiedliches Futterangebot gegeben, z.B. ein Kleiehäufchen, ein Häufchen Cornflakes, Mehl, Altpapier, geschabte Möhren u.a.m.; in

der Mitte jedes der Deckel werden dann zwanzig Mehlwürmer ausgesetzt; die Deckel werden bis zum folgenden Tag in einen dunklen Raum gestellt. Die Kinder arbeiten in Gruppen und zählen am nächsten Tag, wie viele der Larven in jedem der Nahrungsangebote zu finden sind. Eine Tabelle wird an der Tafel geführt, das "beliebteste" Nahrungsangebot wird ermittelt.

2. Mögen Mehlwürmer Feuchtigkeit? Obwohl Trockenheit eine Voraussetzung für die Mehlwurm-Haltung ist - die Tiere würden sonst verschimmeln -, wird man auch in den feuchten Nahrungsangeboten einige Exemplare finden. Dies mag zu

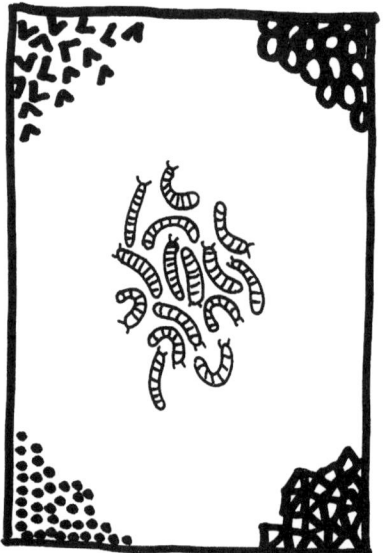

1.

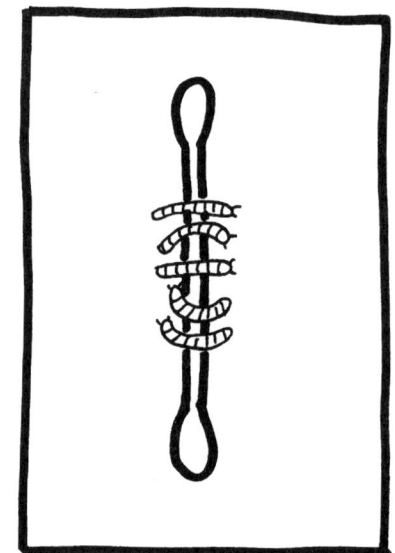

2.

der Frage führen: Bevorzugen Mehlwürmer Feuchtigkeit? Um diese Frage zu untersuchen, wird in die Mitte eines jeden Schuhkarton-Deckels ein Q-Tip gelegt, bei dem das eine der beiden Watte-Bäusche in Wasser getaucht worden ist. Auf die Mitte des Q-Tips legen die Kinder vorsichtig fünf Mehlwürmer. Welcher von beiden Seiten - der feuchten oder der trockenen - haben sich die Tiere nach zwanzig Minuten zugewandt? Eine Tabelle mit dem Ergebnis der Auszählung führen.

3. Wie findet ein Mehlwurm seinen Weg? In einen Schuhkartondeckel ein weißes Blatt Papier legen, das das Innere des Deckels ausfüllt; auf der Mitte des Blattes ein Kleiehäufchen aufschütten; einen einzelnen, möglichst beweglichen und

"munter" erscheinenden Mehlwurm am unteren Ende des Papieres aussetzen und seine Kriechspur mit einem Bleistift nachzeichnen. Wie lange dauert es, bis er die Kleie gefunden hat und darin verschwunden ist? Die einzelnen Blätter mit den verschiedenen Spuren miteinander vergleichen und darüber spekulieren, wie ein Tier ohne Augen und Nase seinen Weg finden kann.

Kontext und Ausbaumöglichkeiten:

Die Beobachtung des Verhaltens sog. niederer Tiere ruft Neugier und Interesse hervor, das von einzelnen Kindern anhand weiterer Studien und mit Hilfe von Büchern ausgebaut werden kann.

3.

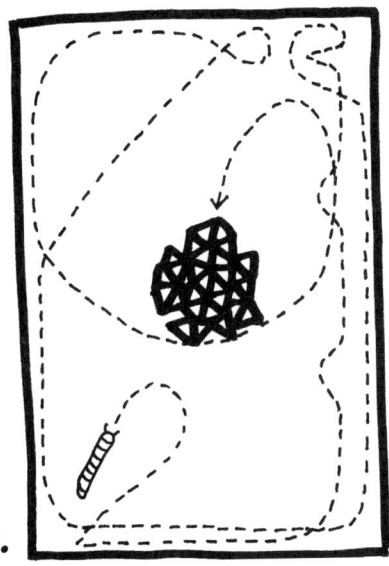

Regenwürmer beobachten 1

Benötigtes Material: Zwei durchsichtige Plastikscheiben 20 x 30 cm, zwei Abschnitte einer Dachlatte je 30 cm, Hammer und Stifte, eine Plastikschale 30 x 40 cm, Kartonbogen zur Herstellung eines "Futterals" für die Wurmstation, Sand, Blumenerde, lehmigen Sand, Torf, einige Regenwürmer. Spaten und Schippchen, Maßband, Schnur und Pflöcke, Sieb.

Idee: Der Bau einer Wurmstation ermöglicht die Beobachtung des Verhaltens von Regenwürmern im Boden. Die beiden Plastikscheiben an der Längskante auf die Dachlatten-Abschnitte aufnageln, so daß ein 30 cm hoher, unten und oben offener Behälter entsteht; Die Plastikschale mit Sand füllen, den Behälter mit der Öffnung nach unten hineinstellen und mit deutlich abgegrenzten Schichten von Torf, Sand, Blumenerde und Lehm auffüllen; ein Futteral aus dem Karton schneiden und so zusammenkleben, daß es über den Behälter geschoben werden kann. Regenwürmer suchen; sie sind nach Regenfällen an Wegrändern oder abends im Dunkeln mit der Taschenlampe im Rasen und auf unversiegeltem Gelände zu finden. In die Öffnung des Behälters setzen, der damit zur "Wurmstation" wird. Nicht zu feucht halten! Auf die Öffnung einige Laubblätter legen. Tag für Tag das Futteral abnehmen und die Spuren der Aktivität der Regenwürmer beschreiben: Ihre Gänge durchmischen die Schichten des Bodens, sie ziehen das Laub in die oberen Öffnungen ihrer Gänge hinein. Nach drei bis vier Wochen ist das Erdreich in der Wurmstation durchmischt; die Würmer an einer geeigneten Stelle wieder ins Freie aussetzen.

An einem geeigneten Geländestück die Masse der Regenwürmer unter dem Land berechnen; diese Aktivität setzt relativ feuchtes Wetter voraus: Ein Quadratmeter wird gemessen, mit Pflöcken und Schnur abgesteckt und wenigstens 50 cm tief aufgegraben. Die abgegrabene Erde sorgfältig durch ein Kompostsieb o.ä. geben und die Zahl der Regenwürmer notieren. Die Gesamtfläche des Geländes (Sportplatz, Wiese, Wäldchen) ausmessen, Zahl der Regenwürmer auf dem Gelände berechnen. Zehn Regenwürmer wiegen, Durchschnittsgewicht ermitteln, Gewicht der gesamten Wurmpopulation des Geländes berechnen.

Kontext und Ausbaumöglichkeiten: Thema "Boden" im Zusammenhang von Ökologie und Umwelterziehung: Entsiegelungs-Projekte der Gemeinden und Städte.

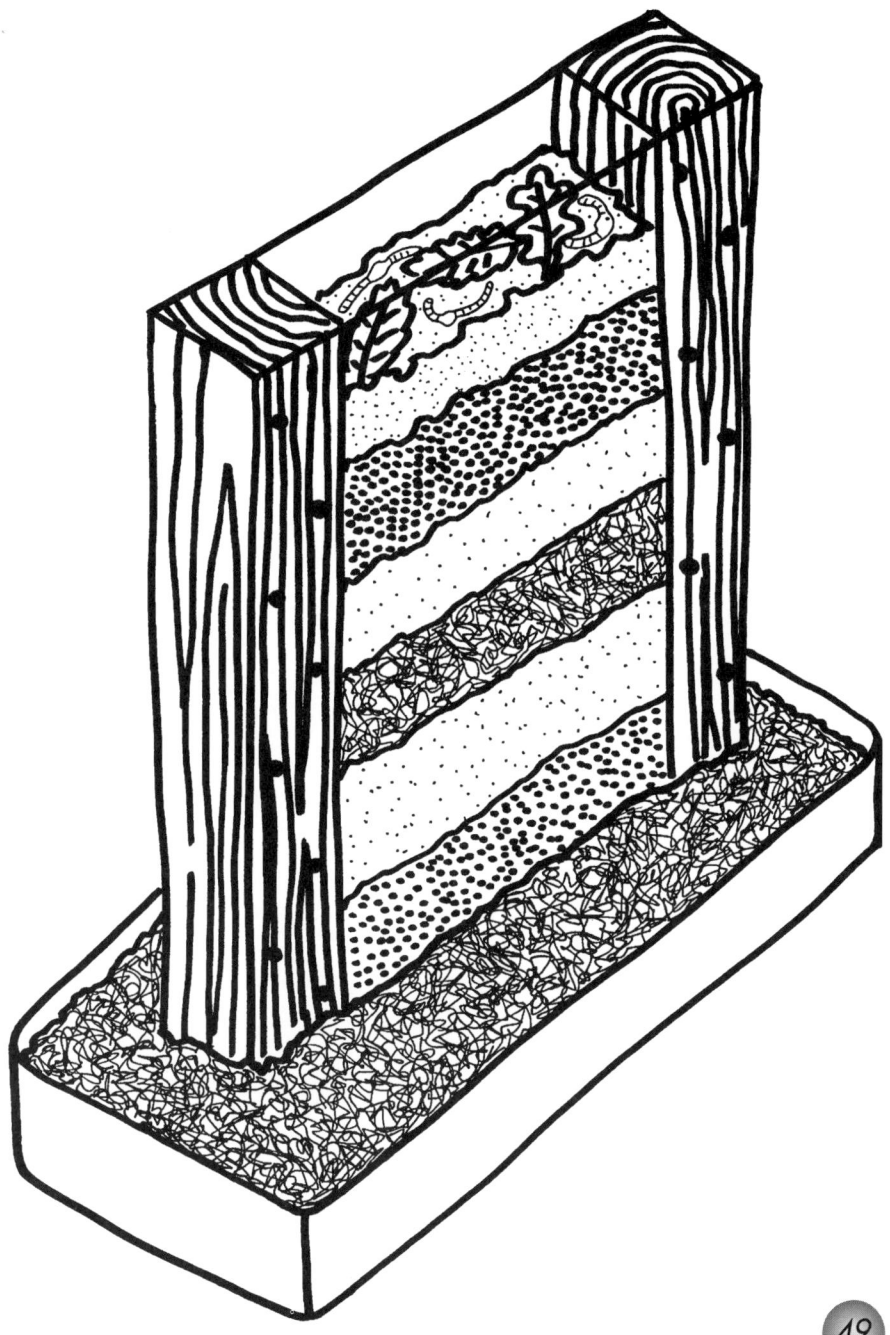

Regenwürmer beobachten 2

Benötigtes Material: Schuhkartons, Trennscheiben (aus den Deckeln der Schuhkartons geschnitten), Garten- oder Blumenerde, Erde von den Rändern einer vielbefahrenen Straße, Schäufelchen und Sieb, Regenwürmer

Idee: In die Mitte des Kartons Trennscheibe (Zwischenwand) einsetzen; auf einer Seite Blumenerde, auf der andern Erde vom Rand einer vielbefahrenen Straße möglichst randhoch einfüllen; auf jeder Seite die gleiche Zahl (fünf) Regenwürmer auflegen; Zwischenwand herausnehmen und Karton bis zum nächsten Tag in dunklen Raum (Schrank) stellen.

Am nächsten Tag Zwischenwand wieder einsetzen, zunächst die eine, dann die andere Bodenmasse mit dem Schäufelchen ausheben und durchsieben, Zahl der Regenwürmer festhalten und miteinander vergleichen. Würmer wieder ins Freie aussetzen.

Je mehr dieser Untersuchungen ("Abstimmung mit den Füßen") durchgeführt werden, umso eindrucksvoller das Ergebnis.

Kontext und Ausbaumöglichkeiten:
Thema "Boden", Verseuchung des Bodens durch Salze und Gifte, Umwelterziehung.

Boden untersuchen 1

Benötigtes Material: Tüten, Lupen, Schäufelchen, Zeitungspapier, Papierbogen, Klebstoff

Idee: Bei einem Unterrichtsgang in den Laubwald, vorzugsweise Buchenwald, die Schichten im Boden zeigen und mit dem Schäufelchen abgraben lassen; die Schichten zeigen - Laubstreu, Blattfilz, Humus, Sand - und aus jeder Schicht Proben sammeln.
Die Proben im Klassenzimmer auf Zeitungspapier ausbreiten, mit der Lupe untersuchen, in der Reihenfolge der Zersetzung Sequenzen vom Blatt zum Humus legen, auf Papierbogen senkrecht und waagerecht aufkleben.

Kontext und Ausbaumöglichkeiten:
Vergleichen mit dem Aufbau eines Komposthaufens in einer Gärtnerei oder im Schulgarten; Texte zur Erkenntnis formulieren, daß aus Pflanzen fruchtbarer Boden wird.
Beim Unterrichtsgang in den Wald evtl. einen morschen Baumstumpf mit der Hacke aufbrechen, Kleintierleben beobachten, Substanz des Stubbens mit geschlossenen Augen abtasten, zeichnen.

Boden untersuchen 2

Benötigtes Material: Lupen, Bestimmungstabelle, evtl. Binokular und ein Berlese-Gerät, das aus einer starken Lampe, einem Haarsieb (Mehlsieb) und einer Schüssel hergestellt werden kann; Glyzerin, um den Boden der Schüssel zu bedecken, eine Pipette und ein Objektträger für das Binokular.

mit Humusboden und stellt Schüssel samt Sieb unter eine hell strahlende Lampe. Die kleinen Bodentiere flüchten vor dem Licht und der Wärme und fallen durch das Sieb in das Glyzerin, wo sie mit der Pipette aufgesaugt, auf einen Objektträger gegeben und unter dem Binokular betrachtet werden können.

Kontext und Ausbaumöglichkeiten: Diese Beobachtungen können mit den Beobachtungen der Regenwürmer in der Wurmstation (S. 49) kombiniert werden. In Bildstellen ist der Film "Leben im Boden" (FT 2146) erhältlich, der den gesamten Prozeß der Bodenbildung zeigt.

Idee: Die Bodentiere werden mit der Lupe betrachtet und anhand der Tabelle bestimmt; hier sind einige der häufig zu findenden Bodentiere wiedergegeben. Die große Masse der Bodentiere ist allerdings viel zu klein, um mit bloßem Auge oder auch mit der Lupe erfaßt werden zu können. Um davon wenigstens eine Anschauung zu vermitteln, kann ein sog. Berlese-Gerät (nach dem italienischen Erfinder so genannt) zusammengestellt werden. Dazu füllt man auf den Boden einer Schüssel fingerhoch Glyzerin, hängt ein Haarsieb über den Schüsselrand, füllt das Haarsieb

Boden untersuchen 3

Benötigtes Material: (Wenn zugänglich) Sandhaufen, Gießkannen; (je Gruppe) zwei Blumentöpfe, zwei Einmachgläser, zwei Meßbecher, Acker- und Waldboden.

Idee: Bei Unterrichtsgang auf Erosionsspuren an Feldwegen und Baustellen hinweisen. Sandhaufen als Modell zur Klärung folgender Frage nutzen: Was würde passieren, wenn auf den Bergen kein Wald und kein Gras wachsen würde? Sandhaufen zum Berg formen und mit Grassoden zum Teil abdecken, Straßen u.a. nach Belieben einbauen, mit den Gießkannen einen gewaltigen Regenguß vorführen.
Verschiedene Böden sammeln und zwischen den Fingern reiben (Sandboden beschmutzt die Finger nicht, lehmiger Sand bröckelt und hinterläßt geringen Schmutz, sandiger Lehm kann geknetet werden und bleibt an der Haut haften, Lehm schmiert).
Waldboden und Ackerboden miteinander vergleichen: Blumentöpfe in Einmachgläser stellen und jeweils die gleiche Menge Acker- bzw. Waldboden einfüllen; Meßbecher mit der gleichen Wassermenge füllen und gleichzeitig über die Böden ausleeren. Vergleichen, wo

Wasser rascher durchfließt, wie das Wasser jeweils aussieht.

Kontext und Ausbaumöglichkeiten:
Schlußfolgerungen ziehen; Beispiele für Entsiegelungs-Projekte anführen; ein "Boden"-Buch anlegen, in dem alle Beobachtungen festgehalten werden; Landwirte besuchen und befragen.

Kerzenflamme 1

Benötigtes Material: Kerzen, Papier und Farbstifte, Streichhölzer; Diaprojektor (notfalls OHP); Baumwollfaden und wassergefüllter Becher, Würfelzucker und Tinte; Teller

Idee: Die Kerzenflamme mit den verschiedenen Zonen (Flammenkern, -mantel, -saum) groß und farbig zeichnen.
Die verschiedenen Zustandsformen (fest, flüssig, gasförmig) des Kerzenwachses zeigen. Folgenden Fragen durch kleine Untersuchungen nachgehen:

1. Wieso steigt das flüssige Wachs im Docht hoch?

Es gibt eine "Haarröhrchenwirkung": Würfelzucker in einer Tintenpfütze zeigt sie sofort, ein Baumwollfaden, der über den Rand eines wassergefüllten Glases gehängt wird, zeigt sie in Stunden (das Wasser steigt in dem Faden über den Rand und tropft auf der andern Seite herab); Wischlappen, Frotteehandtuch sind ebenfalls Beispiele.

2. In welcher Zone ist die Flamme am heißesten?

Ein Hölzchen (Streichholz) langsam quer durch die Flamme führen; es verkohlt im Saum.
Mittels Projektor oder anderer starker Lichtquelle den Schatten der Flamme an die Wand werfen: Der leuchtende Teil erscheint als Schatten.
(Erklärung: Er besteht aus winzigen Rußteilchen, die sich als schwarze Spur auf einem Teller niederschlagen, der in die Flamme gehalten wird. Das Wachsgas im Innern der Flamme - Flamme auspusten, aufwölkendes Gas direkt mit dem Streichholz anzünden - kann noch nicht verbrennen, es spaltet sich in glühende feste Rußteilchen und in Wasserstoffgas auf; erst im Saum der Flamme tritt genug Sauerstoff hinzu, um den Wasserstoff zu Wasser und den Ruß zu Kohlendioxid zu verwandeln. Dort im Saum findet die vollständige Verbrennung statt, und die Flamme ist dort am heißesten.)

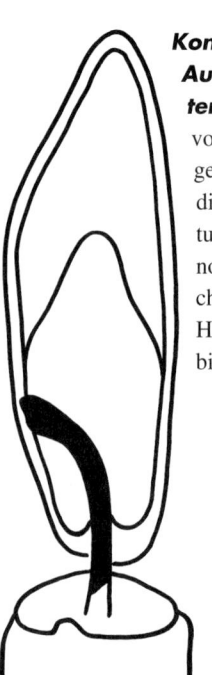

Kontext und Ausbaumöglichkeiten: Die Verwandlung von Stoffen ist Hauptgegenstand der Chemie; die Flamme ist ein kulturgeschichtliches Faszinosum; weitere Untersuchungen und die eigene Herstellung von Kerzen bieten sich an.

Kerzenflamme 2

Benötigtes Material: Porzellanschale, Salz, Eiswürfel; Dreifuß und Brenner (Gas oder Spiritus), Eimerchen mit Löffel und Sand; Kerzendochte

Idee: Die folgenden weiteren Fragen zur Untersuchung vorschlagen:

3. Entsteht tatsächlich Wasser aus Feuer?

Porzellanschale mit Mischung aus Salz und Eiswürfeln füllen und über die Flamme halten.

4. Kann Kerzenwachs auch ohne Docht brennen?

Porzellanschale mit Kerzenwachs füllen, auf Dreifuß über Brenner stellen, warten, bis das geschmolzene Wachs zu rauchen beginnt. Nur für Erwachsene: Mit Streichholz vorsichtig anzünden. Eimerchen mit Sand griffbereit halten. (Wachs brennt ähnlich gefährlich wie Benzin.) Erklären, daß schlimme Explosion stattfindet, wenn Wasser hinzugetan wird. Mit Sand löschen.

1.   2.   3.   4.   5.

5. Weshalb biegt sich der Docht in den Flammensaum hinein?

Dochte betrachten und ihre Neigung in der Flamme beobachten: Sie sind mit einem "Drall" so gesponnen, daß sie in den Saum ragen, wo eine vollständige Verbrennung stattfinden kann. Billige Kerzen haben manchmal Dochte (nach Möglichkeit zeigen), die nicht in den Saum hineinragen und deshalb nach kurzer Zeit klumpen, rußen und blaken. Früher brauchte man deshalb eine "Lichtputzschere".

Wieso ist die Kerzenflamme mandelförmig? Flamme beobachten und belauschen; Wind streift am Schaft der Kerze empor und kühlt den äußeren Rand des Kerzenkörpers; er gibt der Flamme die Form. Kannst du den Luftzug hören? Mit den Flammen des ohne Docht brennenden Wachses vergleichen.

Kontext und Ausbaumöglichkeiten:

Daß bei sämtlichen Verbrennungsprozessen Wasser entsteht, kann auch folgendermaßen demonstriert werden: Einen Bogen Papier vor den Auspuff eines Autos mit laufendem Motor halten; Ruß und Wasser schlagen sich nieder. Diese Aktivität kann Ausgangspunkt der Untersuchung zum LUFTSCHMUTZ sein. Lichtquellen sammeln und ihre Funktion beschreiben, aber auch ihre Besonderheiten.

Kerzen herstellen

Benötigtes Material: Viele Kerzenreste, Heizquelle (Kochplatte), Kochtöpfe, hohe, schlanke Konservendosen (Würstchendosen o.ä.), Dochte, Backförmchen aus Alufolie; Zeitungspapier zum Auslegen.

Idee: Kerzenreste im Wasserbad (Konservendose in wassergefülltem Kochtopf auf der Heizquelle) schmelzen, Dochte am unteren Ende mit kleinen Gewichten (Büroklammern) beschweren und in das geschmolzene Wachs eintauchen, herausziehen, antrocknen lassen, wieder eintauchen; die Kerze nimmt jedesmal ein Stück Umfang zu: Kerzen Ziehen.

Kerzen Gießen: Docht in der Mitte des Bodens des Backförmchens mit knetbarem Wachs ankleben, Backförmchen mit dem Wachs ausgießen.

Kontext und Ausbaumöglichkeiten: Das Kerzen-Ziehen als Manufaktur-Arbeit arrangieren, bei der ein Rhythmus für die Arbeitsgruppe vorgegeben ist. Unter welchen Bedingungen können die meisten Kerzen hergestellt werden? Geräte zur Kerzen-Herstellung im Museum betrachten.

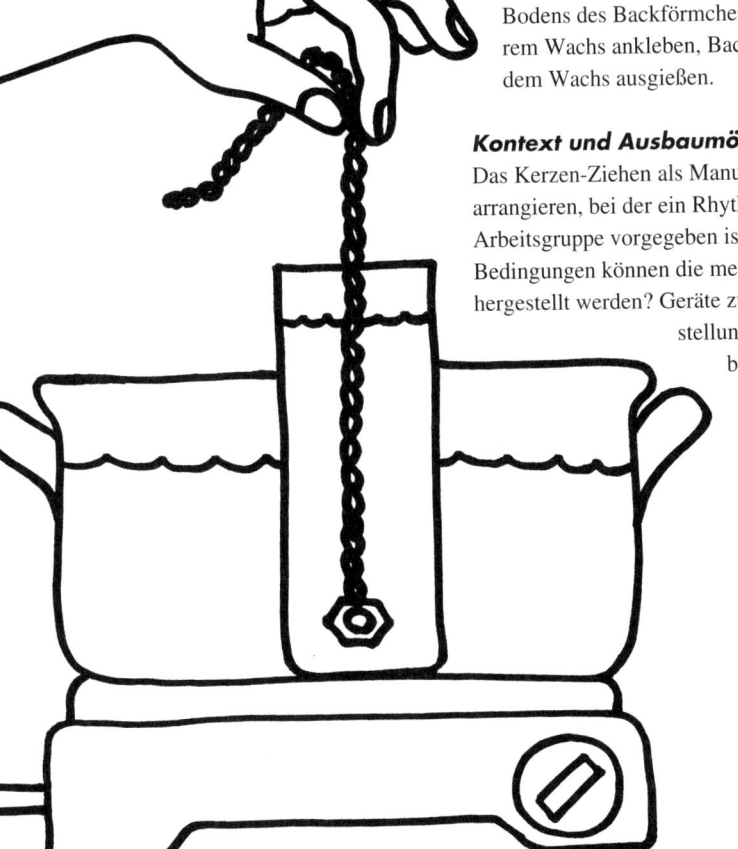

Brenndauer von Kerzen messen

Benötigtes Material: Glasgefäße mit unterschiedlichem Rauminhalt (Marmeladengläser, Gurkengläser, Aquariengläser, Bechergläser u.a.m.), Meßbecher, Klebe-Etiketten, Uhr mit Sekundenzeiger, Kerzen oder Teelichter, Teller.

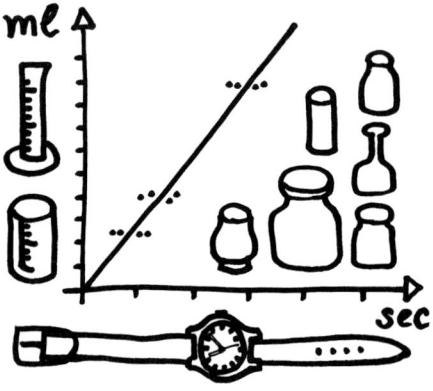

muten. Gefäße nach jedem Versuch in Wasser tauchen und abtrocknen, damit die verbrauchte Luft ausgetrieben wird.

Mit Hilfe des Sekundenzeigers an der Uhr (Partnerarbeit) die jeweilige Brenndauer mehrfach messen, Durchschnittswert finden. Verhältnis Rauminhalt (Milliliter, ml) zu Brenndauer (Sekunden, sec) grafisch abbilden, Durchschnittswerte eintragen, eine Gerade einzeichnen, die die Punkte etwa verbindet.

Vorhersagen über die Brenndauer bei Gefäßen mit sehr großem Rauminhalt machen und nachprüfen.

Kontext und Ausbaumöglichkeiten: Unterrichtsprojekt "Kerzen"; naturwissenschaftliche Verfahrensweisen üben: Beobachten, Vorhersagen treffen.

Idee: A. Brennende Kerze in wassergefülltem Teller unter ein Becherglas stellen; beobachten und beschreiben, was passiert (Flamme wird schwächer und erlischt, Glas beschlägt innen, Wasser steigt im Innern des Glases ein Stück weit empor); vermuten, weshalb das Wasser steigt (Es bildet sich - entgegen einer verbreiteten Auffassung - kein Vakuum in dem Glase).

B. Mit Hilfe eines Meßbechers und Wasser den Rauminhalt der einzelnen Glasgefäße genau ausmessen, Klebe-Etiketten beschriften und aufkleben; Kerzen auf Tischfläche aufstellen, Glasgefäß überstülpen, die unterschiedliche Brenndauer beobachten, Zusammenhang mit Rauminhalt des Gefäßes vermuten.

Rotkrautsaft zeigt Säuren und Laugen an

Benötigtes Material: Rotkrautkopf, Kochtopf, Heizquelle (Kochplatte), evtl. Sieb und Trichter, Flasche, Reagenzgläser (Stück 20 Pfennig beim Laborbedarf) und - vielleicht aus einem Schuhkarton selbstgefertigt - Reagenzglasständer, Haushaltsmittel zum Putzen und Reinigen.

Idee: Rotkrautkopf in Stücke schneiden, in Kochtopf geben, mit Wasser auffüllen, auskochen, bis Wasser zu lila Brühe geworden ist; abkühlen lassen, mit Hilfe von Sieb und Trichter in Flasche umfüllen. Diese Flüssigkeit ist ein sog. Universalindikator, der Säuren durch eine Palette unterschiedlich leuchtender Rot-Färbungen anzeigt, Laugen durch eine Palette unterschiedlicher Grün-Färbungen. Essig, Backpulver, Waschpulver, Spülmittel, Fleckenmittel und viele andere Chemikalien, die in den Haushalten vorhanden sind, werden untersucht: Proben in Reagenzglas mit Rotkrautsaft auffüllen und im Reagenzglas-ständer anordnen; Tabelle anlegen, in der Säuren und Laugen unterschieden sind.

Kontext und Ausbaumöglichkeiten:
Einführung der Konzepte "Säuren", "Laugen", verbinden mit Messungen zum "pH-Wert"; Grundlage von Meßübungen zur Umwelt-Überwachung.
Kritische Untersuchung von Haushalts-Chemikalien, die ausgebaut werden kann zu einer Sammlung von Etiketten mit Angaben über die in den Mitteln enthaltenen Chemikalien und über die Vorsichtsmaßnahmen bei der Anwendung (vor dem Hintergrund der Frage: Geht es nicht auch ohne viel Chemie?)

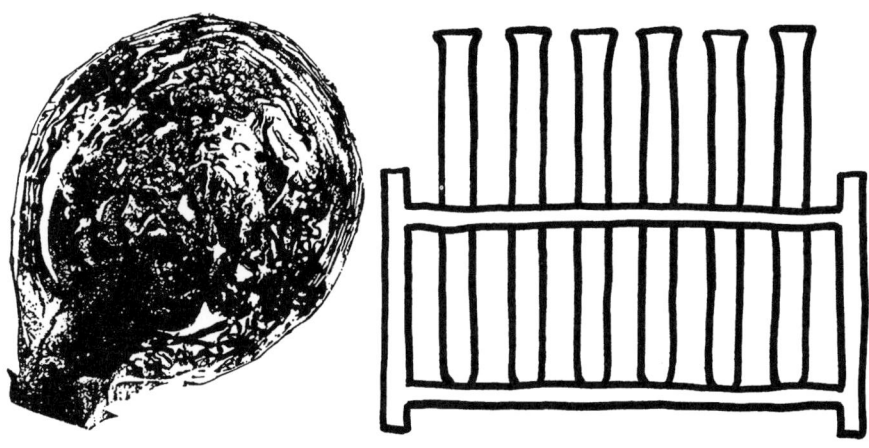

Umgang mit Meß-Stäbchen üben

Benötigtes Material: Meß-Stäbchen (Indikationsstreifen) zur Ermittlung des pH-Wertes und Farbkarte, Meß-Stäbchen zur Ermittlung des Nitratgehaltes und Farbkarte, Meß-Stäbchen zur Ermittlung des Säurewertes von Bodenproben und Farbkarte - erhältlich in Apotheken bzw. im Gartenfachhandel.

Idee: Die Haushalts-Chemikalien, die mit Hilfe des Rotkrautsaftes in eine Tabelle eingeordnet wurden, mit Hilfe von Meß-Stäbchen präziser bestimmen. Begriff "pH-Wert" einführen (s. "Die Säure des Regens messen"); Nitratgehalt von Lebensmitteln messen, die Gefährlichkeit des Nitrats in Lebens-

mitteln erläutern; Boden im Schulgarten, im Wald, auf dem Schulgelände mit Hilfe etwa von "Calcitest" untersuchen.

Kontext und Ausbaumöglichkeiten: Umwelt-Monitoring, hier: Vorstufe zu einer Untersuchung über die Säure des Regens; Chemie in Lebensmitteln; Thema "Boden" mit dem Säuretest verbinden. Es geht insgesamt um eine Art "Alphabetisierung" im Hinblick auf den Umweltbereich und zugleich darum, naturwissenschaftliche Verfahren und Inhalte auf sinnvolle Weise in den Sachunterricht zu integrieren.

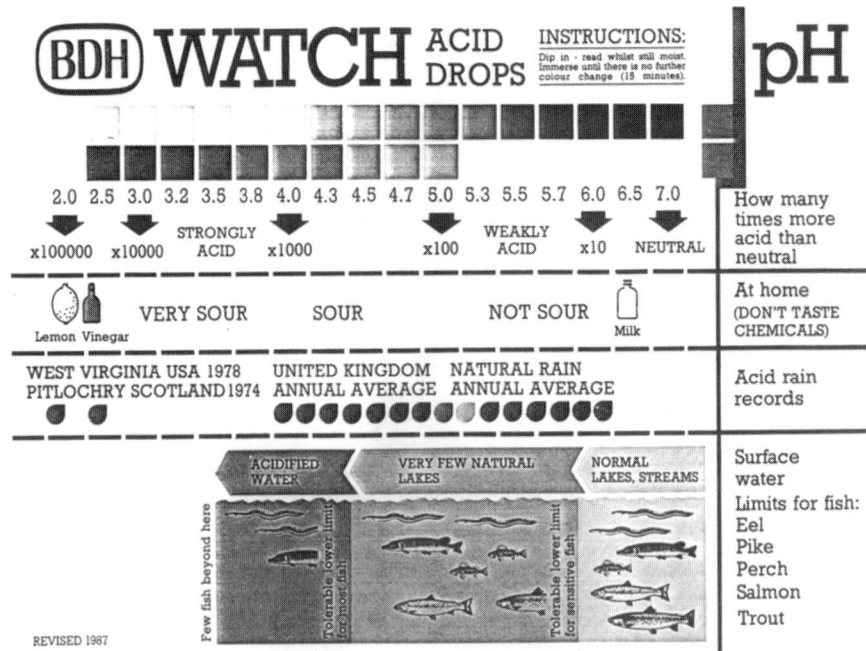

Die Säure des Regens messen

Benötigtes Material: Meß-Stäbchen
(Indikationsstreifen) zur Bestimmung des
pH-Wertes etwa im Bereich von 3 - 7 und
Farbkarte; Glas mit sauren Gurken; Schwe-
felfäden aus der Drogerie, Einmachglas mit
Deckel;
Einrichtung einer Meßstation zur Messung
des Sauren Regens: Einmachglas, Weckring,
Besenstiel.

Idee: Das Konzept pH-Wert mit Hilfe der
Frage einführen: Wie sauer sind die sauren
Gurken? (Erklären, Messen)
Wasser fingerhoch in Einmachglas füllen
und den pH-Wert messen. Ein Stück Schwe-
felfaden, wie man es früher zum Sterilisieren
von Fässern und Marmeladegläsern benutzte,
in dem Einmachglas entzünden und

abdecken, so daß die blaue Flamme erlischt
und im Innern des Glases ein beißender
Nebel entsteht, schütteln, bis sich der Nebel
in dem Wasser aufgelöst hat. Erklären, daß
die Abgase auf ähnliche Weise am Himmel
in den Regen gelangen und als Saurer Regen
herabfallen (Zeichnung). Den pH-Wert
erneut messen.
Projekt zur Messung der Säure des Regens
planen: Meßstationen (Besenstiel in den
Boden gesteckt, Einmachglas mit Weckring
am oberen Ende befestigt, regelmäßig nach-
messen und Glas auswaschen, evtl. Korre-
spondenz-Klasse in einer anderen Stadt, in
einem anderen Land bitten, ähnliche Untersuchung durchzuführen, Ergebnisse vergleichen.)

Kontext und Ausbaumöglichkeiten:

Umwelt-Monitoring, z.B. auch Bio-Indikatoren zur Ermittlung der Güteklassen von Fließgewässern; Anwendung von Meßverfahren.

Zur Sache pH-Wert: "pH" ist das Symbol, das von Chemikern benutzt wird, um den Logarithmus der Konzentration von Wasserstoff-Ionen in Molekül pro Liter auf reziproke und dekadische Weise anzugeben. Das ist handhabbar, obwohl es sich schrecklich abstrakt anhört. "pH 5" bedeutet beispielsweise: In einem Liter der Lösung sind 0,00001 Wasserstoff-Ionen enthalten. Ein pH-Wert von kleiner als 7 bezeichnet eine saure Lösung, ein pH-Wert von größer als 7 (bis 14) eine alkalische Lösung. Jeder volle pH-Wert stellt das Zehnfache des nächsten dar. Angenommen, wir messen im Sauren Nebel einen pH-Wert von 3,8, so bedeutet das zehnmal so sauer wie 4,8, aber hundertmal so sauer wie 5,8 und tausendmal so sauer wie 6,8.

Geheimnisvolle weiße Pulver

Benötigtes Material: Stärke, Natron, Gips, Backpulver, Puderzucker, Salz, Puder, Mehl, Weißer Essig, Jodtinktur, Untertassen (fünf pro Gruppe), Krug mit Wasser, Eßlöffel, Pipetten, Wäscheklammern aus Holz, Alufolie, saubere Joghurt- oder Pappbecher, Zahnstocher, Plastiklöffel, Klebeetiketten, Kerzen

Idee: Für jede Kleingruppe fünf Untertassen mit fünf weißen Pulvern vorbereiten; vermuten, um welche Substanzen es sich handelt; Pulver in fünf Schritten untersuchen und die Untersuchungsergebnisse in eine große Tabelle eintragen.

1. Schritt: Pulver numerieren und genau betrachten, mit den Fingern zerreiben, beriechen (möglichst nicht: schmecken), Vermutungen begründen und in Tabelle eintragen;

2. Schritt: Pulverproben in Joghurtbecher geben und jeweils mit Eßlöffel Wasser vermischen, umrühren, genau beobachten und Reaktion beschreiben; in die Tabelle eintragen;

3. Schritt: Proben der Pulver auf Alufolie geben, mit Hilfe der Wäscheklammer über einer Kerzenflamme erhitzen, Reaktion beobachten und in der Tabelle festhalten;

4. Schritt: Proben der Pulver in Becher geben und mit Pipette Jodtinktur hinzufügen; Reaktionen beobachten und in der Tabelle festhalten;

5. Schritt: Proben in Becher geben, mit Pipette Essig hinzufügen, Reaktionen beobachten und in der Tabelle festhalten.

Kontext und Ausbaumöglichkeiten:
Gruppen bereiten sich gegenseitig Pulver-Geheimnisse und bauen die Untersuchung der Substanzen weiter aus. Es handelt sich um eine einfache chemische Untersuchung, die gleichzeitig in die naturwissenschaftliche Arbeitsweise einführt und mit den Ansätzen des Umwelt-Monitoring (Säure des Regens messen) verbunden werden kann.
Die Aktivität "Feuerlöscher" (S. 35) kann angeschlossen werden.

Papier machen

Benötigtes Material: Altpapier oder auch
Baumwolle und feingerissene Lumpen
(Hadern) oder auch Häcksel oder auch
Brennessel oder andere Naturfasern als Aus-
gangsmaterial; Wanne und Rührgerät;
Schöpfrahmen, die man aus Holzleisten
bauen kann und Schöpfsiebe aus Fliegengaze
(zum Abschirmen von Fenstern oder Käse-
schränken), die über die Rahmen gespannt
und mit Reißnägeln festgemacht werden;
Zellstoffbahnen; Schwämme; Nudelhölzer.

Idee: Altpapier in kleine Fetzen reißen (bzw.
Lumpen in kleine Fetzen zerschneiden, bzw.
Brennesseln oder andere Naturfasern zer-
schnippeln) und in Wasser einweichen; mit
dem Rührgerät so lange quirlen, bis ein Brei
von feiner Konsistenz entsteht; der Brei soll
nicht zu dick sein (evtl. mit Wasser verdün-
nen); mit dem Schöpfsieb eine Lage des Breis
herausschöpfen, Sieb waagerecht halten,
abtropfen lassen, umgekehrt auf Zellstofflage
abkippen, evtl. neue Zellstofflage darüber-
decken, neues Blatt daraufkippen usw.
Auf das Schöpfsieb können zuerst Blütenblätter u.a. aufgelegt, der Papierbrei kann mit
Lebensmittel- oder Naturfarben eingefärbt,
mit Hilfe von Leimzugabe schreibfest
gemacht (sonst wie Löschpapier), mit Hilfe
von aufgelegten Drähten können Figuren
(Wasserzeichen) in das Papier eingebracht
werden.
Es ist auch möglich, den Faserbrei (bei genü-
gend Konsistenz) ähnlich wie Papiermaché
zu Figuren, Luftballon-Köpfen u.ä. zu verar-
beiten.

Kontext, Ausbaumöglichkeiten:
Papierherstellung studieren - Papierherstellung früher - heute, Papierfabrik besuchen;
Papier machen als Grundlage zum Verständnis der Arbeitsteilung in Manufakturen; Verbinden mit Drucktechniken.
Papier machen aus Altpapier als typische
Recycling-Methode vorstellen; in diesem
Kontext Papierverbrauch feststellen, Mög-
lichkeiten des Einsparens und Recycling an
der Schule diskutieren und einführen (Müll-
freie Schule);
Naturfasern und Pflanzen kombinieren; evtl.
mit dem "Papier" einer Wespenglocke vergleichen; Papierfetzen unterschiedlicher
Beschaffenheit (Hochglanz - Zeitung) im
Schulgarten vergraben und nach Wochen
untersuchen: Welches ist am ehesten "abbau-
bar"?

Die Sequenz der Papierherstellung in drei
Bildern ist von verschiedenen Kindern der
vierten Klasse am Bildungszentrum St. Kon-
rad in Ravensburg unter der Leitung des Leh-
rers Josef Koranda angefertigt worden. Bei
der Abbildungstechnik handelt es sich um
eine Form der Radierung, bei der die Linien
mit einem angeschärften Nagel auf Pla-
stikplatten eingeritzt werden; auf den Platten
wird die Druckfarbe mit Hilfe von Bündeln
aus Lappen (sog. Tampons) eingerieben;
schließlich wird das Bild auf angefeuchtetes
Papier mit der Andruckpresse (sog. Nudel)
abgedruckt.

Das Sieb wird waagerecht gehalten und
leicht gerüttelt.

Das Blatt Papier
wird mit der
Nudelwalze leicht
gewalzt.

Das Sieb wird auf
den Zellstoff
gedrückt.

Schreibwerkzeug herstellen 1

Benötigtes Material: Große Federn (Schwungfedern von Möwen, Gänsen, Enten oder noch größeren Vögeln aus dem Tierpark), Bambus- und Schilfrohr, Kartonstreifen, Holzspäne, Messer und Schere, Papiere verschiedener Qualität, Tinte, evtl. selbst hergestellte Tinte (vgl. Schreibwerkzeug herstellen 2), Wasserfarben aus dem Tuschkasten, evtl. Schriftvorlagen

ähnliche Weise begonnen (vgl. Martin Andersch: Spuren, Zeichen, Buchstaben. Ravensburg: Meier 1990). Schreiben als technischer Prozeß: Vergleich verschiedener Schreibgeräte bis hin zu Schiefertafel, Schreibmaschine und Textverarbeitung: Wie sieht der Arbeitsplatz des Schreibenden aus? Alte und neue Schriften miteinander vergleichen.

Idee: Mit Schere und Messer verschieden breite "Schreibfedern" schneiden. Am besten mit dem Kartonstreifen anfangen und mit "Spurweiten" verschiedener Breite und mit verschiedenen Tinten Versuche anstellen. Einen Bogen Papier mit einem selbsterfundenen großen Buchstaben ausfüllen. Schriften nach der Schriftvorlage üben. Die gelungensten Beispiele ausstellen.

Kontext: Schreibübungen; der Schreibmeister Martin Andersch hat seine Kurse auf

Schreibwerkzeug herstellen 2

Benötigtes Material: Eisensulfat oder Eisentrichlorid aus der Apotheke; gerbsäurehaltige Flüssigkeiten wie etwa starker Tee oder auch ein "Tee" aus Eichengalläpfeln, den gelbgrünen Kugeln auf Eichenblättern, die durch die Eiablage der Eichengallwespe entstehen und die man in Spätsommer und Herbst auf den Eichenblättern finden kann; Gläser; Tuschbrikett und Reibstein aus dem chinesischen Tuschkasten, der in vielen Ostasienläden erhältlich ist.

gestellt wird. Verschiedene Grauabstufungen bis zum Schwarz erzeugen.

Kontext: Mit der Tusche schreiben. Ausbauen zu Projekt "Schreiben wie vor hundert Jahren". Dazu Federhalter und Stahlfedern und altmodische Tintenfässer besorgen. Feinen Sand in Pfefferstreudose füllen, über die feuchte Schrift streuen und herabpusten. Für interessierte Schüler: Die deutsche Schrift üben.

Idee: Tee herstellen, in Gläser füllen und die Eisensulfatbröckchen darin auflösen. (Es entsteht eine blauschwarze Tinte; ein besonders leuchtendes Blau wird durch den Eichengallapfel-Tee erzeugt.) Oder/und Tusche herstellen, indem Tuschbrikett mit Wasser auf dem Reibstein verrieben wird. Erklären, daß Tusche aus Ruß und Leim her-

Kresse und Licht

Benötigtes Material: Schuhkartons mit Deckel, Blumenerde, Kressesamen, evtl. Blumentöpfe, Sonnenblumenkerne, Rhizinus- und Eukalyptus-Saat

Idee: Boden des Schuhkartons fingerdick mit Blumenerde bedecken, Kressesamen darüber streuen, mit Wasser anfeuchten; bei den verschiedenen Schuhkartons mit der Schere je ein Loch in der Größe eines Fünf-Mark-Stückes in die Seitenwand bzw. die Stirnwand bzw. an eine Stelle in den Deckel einschneiden, den Karton mit dem Deckel verschließen und auf die Fensterbank oder an einen anderen Platz so aufstellen, daß Licht durch das Loch einfallen kann. Der Kressesamen bildet nach dem Auflaufen eine Art Rasen, bei dem jedes der Stengelchen wie ein Pfeil auf das Lichtloch hinzuweisen scheint.

Kontext, Ausbaumöglichkeiten: "Pflanzen wachsen nach dem Licht", Beobachtungen bei den Blumen auf der Fensterbank, die in ihren Töpfen immer wieder umgedreht werden, und bei den Blättern an den Bäumen, die sich dem Licht zuwenden. "Pflanzen brauchen Licht". Rasen mit drei Kacheln oder Folienstücken abdecken und nach einer Woche das erste, nach der zweiten Woche das zweite, nach der dritten Woche das dritte Stück entfernen, zeichnen und beschreiben, was geschehen ist. "Was wird aus der Kresse?" - Kresse zu einem Teil verzehren (Salat, Kresse-Quark mit Pellkartoffeln) und einzelne Pflänzchen in Blumentöpfe, später evtl. in ein Garten-Beet umpflanzen. Andere Pflanzen säen und ihr Wachstum beobachten. Wegen raschen Wachstums besonders geeignet sind Sonnenblume, Rhizinus und Eukalyptus.

Bohnenwurzeln und Schwerkraft

Benötigtes Material: Gläser mit Schraubverschluß, Löschpapierbogen, Zeitungspapier, Bohnen (Feuer-, Wachtel-, Weiße Bohnen)

Idee: Gläser in der Höhe mit dem passend geschnittenen Löschpapier ringsum auslegen und den inneren Raum mit dem leicht zerknüllten Zeitungspapier so ausstopfen, daß die Löschpapier-Lage an den äußeren Rand des Glases gedrückt wird; je Glas fünf Bohnen zwischen Glas und Löschpapierschicht bis zur mittleren Höhe schieben (Bleistift zu Hilfe nehmen), zwei Tassen Wasser über das Zeitungspapier in jedes Glas gießen und den Schraubverschluß aufschrauben. Wenn die Bohnen zu Keimen beginnen, treiben sie zunächst eine Wurzel senkrecht nach unten; wenn dies Würzelchen etwa ein bis zwei Zentimeter lang ist, legt man das Glas auf die Seite; die Würzelchen wachsen wieder senkrecht nach unten und scheinen dabei im rechten Winkel abzuknicken.

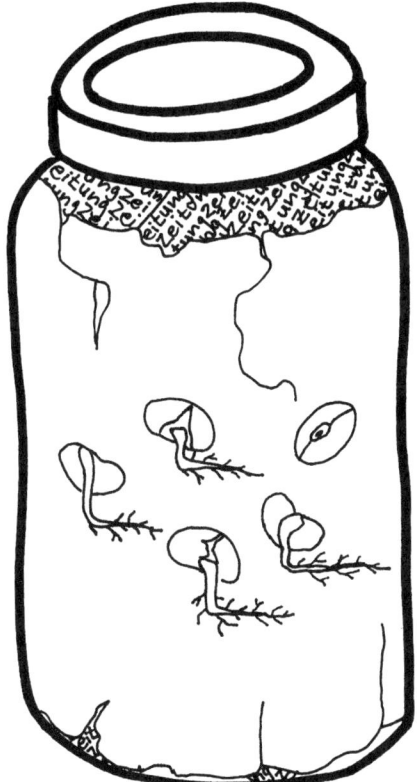

Kontext und Ausbaumöglichkeiten:

Pflanzen wachsen nach dem Licht und ihre Wurzeln folgen dem Einfluß der Schwerkraft ("Geotropismus"); Vergleich anschließen mit "Kresse und Licht". Eine andere Versuchsanordnung benutzt zwei Glasscheiben, zwischen denen Bohnen und Löschpapier-Lagen sind; sie sind mit einem Weckring zusammengehalten und in einer wassergefüllten Schale aufgestellt: Hier ist der Vergleich zwischen den einzelnen Bohnen einfacher.

Die aufgelaufenen Bohnen vorsichtig in Gartenerde (Blumentöpfe im Klassenzimmer) umpflanzen und ihr weiteres Wachstum, Blüte und Frucht beobachten.

Schätzen großer Anzahlen 1

Benötigtes Material: Getrocknete Bohnen, Erbsen, Linsen, Getreidekörner, Reis, Maiskörner in Glasbehältern; Haushaltswaage; Meßbecher mit unterschiedlichem Rauminhalt (50, 1000, 2000 ml); selbst hergestellte Waage (Trinkhalm, Joghurtbecher, Faden und Stecknadel; vgl. Aktivität "Bau einer Präzisionswaage" S. 39).

Idee: Wie viele Bohnen, wie viele Erbsen usw. sind in jedem der Behälter? Schätzen, Methoden diskutieren, mit denen die genaue Zahl herausgefunden werden kann.
Hier sind drei Methoden:

A. 50 ml Meßbecher mit Bohnen füllen, ausleeren und auszählen. Rauminhalt der gesamten Bohnenmenge mit Hilfe eines großen Meßbechers (1000 oder 2000 ml) ermitteln. Berechnen, wie oft (und am Schluß: wie weit) der kleine Meßbecher gefüllt werden müßte, um die gesamte Bohnenmenge aufzunehmen, Zahl der Bohnen berechnen.

B. Mit der Haushaltswaage das genaue Gewicht von 10 Bohnen in Gramm ermitteln, die gesamte Bohnenmenge wiegen und berechnen, wie oft das Gewicht der 10 Bohnen im Gesamtgewicht enthalten ist.

C. Eine Waage aus Trinkhalm usw. bauen, in jede der Waagschalen Bohnen einfüllen, bis eine perfekte Balance erzielt ist. Die Bohnen aus einer der Waagschalen herausschütten und einzeln auszählen, dann beiseite legen, mit zwei multiplizieren, Bohnen von der Gesamtmenge in die leere Waagschale füllen, bis wieder vollkommene Balance erreicht ist, addieren usw.; bleibt am Ende ein kleinerer Rest, nochmals auszählen.

Kontext, Ausbaumöglichkeiten:
Methoden vergleichen: Welche ist die genaueste, welche bringt am raschesten Resultate?
Die Sache mit den anderen "Massengütern" durchspielen und erweitern auf Nudeln, auf Pfennige, auf Knöpfe.
Die Verdoppelungs-Geschichte mit dem Schachbrett durchspielen: Der Sieger erhält vom großen Sultan auf dem ersten Feld des Schachbretts ein Reiskorn, auf dem zweiten zwei, auf dem dritten vier, auf dem vierten acht Reiskörner und so weiter. Das Schachbrett hat 64 Felder.

Schätzen großer Anzahlen 2

Benötigtes Material: Getrocknete Bohnen, Linsen, Reis o.ä.; Kreide oder - je nach Bodenbeschaffenheit - Pflöcke und Garn; Bandmaß; Zeitungen; Bilder vom Sternenhimmel, von Laubbäumen, von Menschenmassen; Stempel aus Moosgummi (vgl. die entsprechende Aktivität)

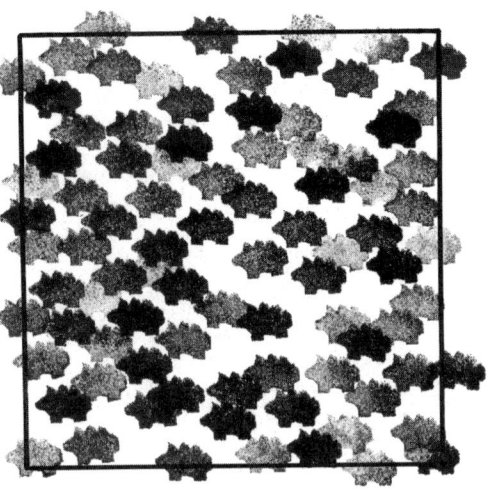

Idee: Büffel und Antilopen des Serengeti-Nationalparks werden vom Flugzeug aus gezählt. Die getrockneten Bohnen sind die Büffel, die Linsen (oder Reiskörner) sind die Antilopen. Draußen auf dem Schulhof zunächst die Fläche des Parks (etwa 4 x 4 Meter) mit Kreide bezeichnen, dann die Büffel und Antilopen verteilen, indem mehrere Handvoll Reis und Bohnen ausgestreut werden. Die Fläche der Länge und Breite nach in gleich lange Abschnitte von etwa 50 Zentimeter ausmessen und unterteilen, die Linien verbinden, so daß ein in etwa 60 Quadrate unterteiltes Feld entsteht. Zehn Felder auslosen (Zahlen von 1 bis 60 auf Zettel schreiben und von zehn Kindern ziehen lassen), die darin enthaltenen Büffel und Antilopen auszählen, Ergebnis mit 6 multiplizieren. Das gleiche Verfahren im Park oder auf der Wiese wiederholen, anstelle der Kreide Pflöcke und Garn benutzen.

zählen, dann die Zahl auf der Gesamtfläche berechnen.

Wie viele Ziegelsteine sind in einer Mauer?

Bilder vom Sternenhimmel zeigen: Wie viele Sterne stehen am Himmel?

Gruppen stellen mit Moosgummistempeln Bilder großer Anzahlen von Fischen, von Personen, von Bäumen her; dann werden die Werke getauscht und die Zahl ermittelt.

Wer findet eine Methode, um rasch herauszufinden, wie viele einzelne Buchstaben auf einer Zeitungsseite gedruckt sind?

Kontext, Ausbaumöglichkeiten:
Wie viele Grashalme wachsen auf dem Rasen? Rasen ausmessen, Quadratmeterzahl berechnen, einen Quadratmeter bestimmen, in vier gleich große Abschnitte unterteilen und in einem dieser Abschnitte Grashalme

Seifenblasen 1

Benötigtes Material: Olivenöl-Seife, reines Glyzerin, destilliertes Wasser; Flasche mit Korkstopfen, Teller, kleinere Fläschchen; Trinkhalme; Draht: sehr feiner Kupferdraht, Draht von der Stärke einer Stecknadel, Pfeifenreiniger.

Idee: Große Mengen Flüssigkeit werden für Seifenblasen-Experimente benötigt. Es lohnt sich, diese nach folgendem Rezept herzustellen, das von dem Seifenblasen-Forscher C.V. Boys um die Jahrhundertwende in jahrelangen Versuchen entwickelt worden ist: Mehrere Flaschen zu drei Vierteln mit destilliertem Wasser füllen; beste Olivenöl-Seife (in türkischen und Naturkost-Läden erhältlich) raspeln oder in kleine Stücke zerschneiden und je Flasche eine Seifenmenge, die dem vierzigsten Teil des Wasser-Gewichtes entspricht, hinzugeben; einen Tag lang stehen lassen, bis sich die Seife aufgelöst hat; mit reinem Glyzerin jede Flasche fast auffüllen und kräftig

schütteln; Flaschen verschließen und eine Woche lang an einem dunklen Platz (im Schrank) stehen lassen. Boys fügt am Ende einige Tropfen flüssiges Ammoniak hinzu. Er schlägt vor, immer nur so viel von dem Vorrat abzufüllen, wie man verbrauchen möchte, und den Rest in der Vorratsflasche im Dunkeln stehen zu lassen.

Gruppen oder einzelne können mit unterschiedlichen Mischungen - mehr oder weniger Glyzerin, andere Seifen verwenden, Zuckerlösung hinzufügen - experimentieren, die Zusammensetzung ihrer Mixturen notieren und die Resultate vergleichen.

Ein moderneres Rezept schlägt Walter Arn vor, der übrigens auch das handelsübliche PUSTEFIX empfiehlt. Auf ein Zehntel Liter Wasser gibt er 5 gestrichene Eßlöffel Neutralseife (der Firma Haka, erhältlich in Apotheken und Drogerien), 2,5 Gramm Tapetenkleisterpulver (1 Kaffeelöffel) und 50 Gramm Zucker (2 gehäufte Eßlöffel); diese Mischung wird gut verrührt, 24 Stunden stehen gelassen und dann mit neun Zehntel Liter Wasser auffüllen. (Nach: Walter Arn: Phänomene zwischen Natur und Technik. Erleben, Experimentieren, Werken und Forschen. Zürich und Wiesbaden: Orrell Füssli 1990, S. 40)

Trinkhalme in Lösung tauchen und Seifenblasen durch Aufblasen erzeugen; beschreiben, "Lebensdauer" mit dem Sekundenzeiger der Uhr messen.

Aus dem Draht Ringe von etwa 5 bis 8 cm Durchmesser biegen, indem der Draht an der Verbindungsstelle umeinander gewickelt wird; die Mixtur in Teller füllen und Seifenblasen durch Eintauchen, Herausheben und Durch-die-Luft-Führen der Ringe erzeugen. Mit verschiedenen Materialien und mit Ringen verschiedenen Durchmessers operieren: Welches Material ist am besten geeignet?

Kontext, Ausbaumöglichkeiten:
Verbinden mit der Untersuchung chemischer Prozesse ("Indikationslösungen", "Verwandlungen"); weiterführen mit "Seifenblasen 2"

Seifenblasen 2

Benötigtes Material: Draht in verschiedenen Stärken, Seifenblasen-Lösung ("Seifenblasen 1"); verschiedene Behälter

Ideen: Seifenfilme auf Drahtrahmen spannen: Spiralen aus Draht herstellen, indem Draht um eine Rolle Haushaltspapier gewickelt wird, Drahtspirale in Seifenblasen-Lösung tauchen, die entstehende Haut abzeichnen; Dreiecke aus Draht biegen, in Lösung tauchen, Seifenhaut abzeichnen; zwei Dreiecke durch drei Drahtabschnitte gleicher Länge zu einem Prisma verbinden, in Lösung tauchen, Seifenhaut abzeichnen; Quadrat (4 x 4 cm) aus Draht biegen, Würfel aus sechs Quadraten zusammensetzen und an den Ecken mit feinem Draht verbinden, in Lösung tauchen, Seifenhaut zeichnen. Phantasiegestelle aus Draht bauen: Verbogene Drahtringe u.a., die entstehenden Seifenhäute abzeichnen. Seifenblase mit der Seifenhaut durch einen

Drahtring schieben: Drahtring (etwa 3 cm Durchmesser) am "Griff" so an einer Halterung oder zwischen aufgestapelten Büchern einklemmen, daß er waagerecht herausragt, einen zweiten Drahtring mit einem "Griff" anfertigen; auf den Drahtring im Halter eine Seifenblase, die größer ist als der Ring, setzen; in den zweiten Drahtring eine Seifenhaut spannen (in Lösung tauchen, keine Blase erzeugen); mit der Seifenhaut auf die Seifenblase über dem Ring in der Halterung drücken; von oben nach unten durch den Ring drücken, dann von unten nach oben. Genau beobachten: Berühren sich die beiden Seifenhäute?

Kontext, Ausbaumöglichkeiten:

Architekten verwenden Seifenhäute, um die ökonomisch effektivsten und elegantesten Flächen zu ermitteln, z. B. beim Dach des Münchener Olympia-Parks (Bilder zeigen).

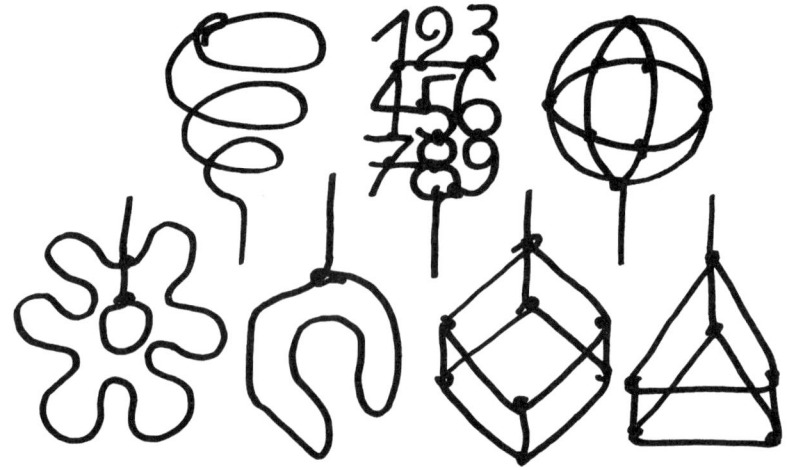

Seifenblasen 3

Benötigtes Material: Drahtring in Halterung, Drahtring mit Griff ("Seifenblasen 2"); Schwarzes Papier.

Idee: Blase in der Blase: Große Seifenblase von unten an den Drahtring in der Halterung hängen, Drahtring mit Griff unten an die Blase hängen, so daß sie in die Länge gezogen wird. Mit einem Trinkhalm die Blase durchstoßen und eine zweite Seifenblase im Inneren der ersten aufblasen; an dem unteren Drahtring ziehen, bis die innere Seifenblase ein Oval bildet; beobachten, ob sich die Seifenhäute berühren.

Wann zerplatzt die Blase?: Mit dem Drahtring Seifenblase ziehen und den Drahtring so auf einen Bogen schwarzes Papier legen, daß eine Seifenblasen-Glocke entsteht; das Farbspiel auf der Seifenhaut beobachten; die Blase platzt in Bruchteilen von Sekunden, nachdem sich auf der Haut schwarze Flecken bilden. (Erklärung: Die Haut ist 10 000stel Millimeter stark; das Licht wird entsprechend seiner Wellenlänge wie in einem Prisma gebrochen und in Regenbogen-Farben reflektiert. Wo sich schwarze Flecken zeigen, ist die Haut so dünn geworden, daß das Licht nicht mehr zurückgeworfen wird und nur noch den schwarzen Papiergrund zeigt).

Kontext, Ausbaumöglichkeiten:

Beginn einer Untersuchung der Kräfte, die Seifenblasen zustandebringen, z.B. die elastische "Haut" von Flüssigkeiten bei Molekülbrücken (verbinden mit Aktivitäten "Kartondeckel hält Wasser im Glas" und "Die schwimmende Stecknadel"), Kapillarität von Flüssigkeiten (verbinden mit entsprechenden Aktivitäten aus "Kerzenflamme").

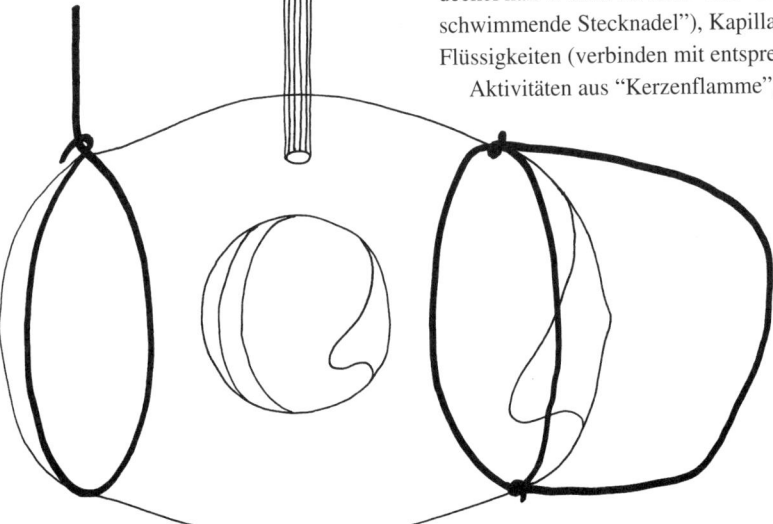

Kategorie 3

ABBILDUNG
DARSTELLUNG

Eine Technik der Darstellung oder Abbildung wird geübt. Die Kinder arbeiten in der Regel einzeln, seltener gruppenweise. Gefördert wird das 'genaue Hinschauen' und die Fähigkeit der Darstellung, nicht ohne ästhetischen Anspruch.

Naturselbstdrucke

Benötigtes Material: Linoldruckfarbe (vorzugsweise Schwarz: die Qualität dieser Farbe ist erfahrungsgemäß die beste); Farbwalze (vorzugsweise 5 cm breite Schaumgummiwalzen aus dem Tapezierbedarf); Glasscheibe (oder resopalbeschichtete Holzplatte, geschliffene Marmorplatte o.ä.), Papiere, Blätter, Federn o.ä. als Druckvorlage.

Technik: Einen Klecks Linoldruckfarbe auf der Glasscheibe mit der Druckwalze so lange auswalzen, bis die Farbe dünn und gleichmäßig verteilt ist. Ahornblatt (oder anderen Gegenstand) sorgfältig mit der Walze einfärben, mit der eingefärbten Seite nach unten auf einen Papierbogen legen, mit einem zweiten Papierbogen abdecken, und mit den Fingerspitzen einer Hand reiben und pressen, während die andere Hand das Blatt in Position hält.

Kontext und Ausbaumöglichkeiten: Mit Hilfe der Technik "Frottage" kann ein "Rätselbuch" angefertigt werden, das die Bäume auf dem Schulgelände / in der Nachbarschaft / im nahegelegenen Park oder Wäldchen o.ä. erfaßt. Es enthält an einer langen Klemmleiste untereinander vier Schichten von Papierbögen: 1. Naturdruck eines Blattes, 2. Bild einer Frucht, 3. Rubbelbild der Baumrinde, 4. Namen des Baumes: Wer kann das richtige Blatt zur richtigen Frucht zum richtigen Rindenbild zum richtigen Namen zuordnen?

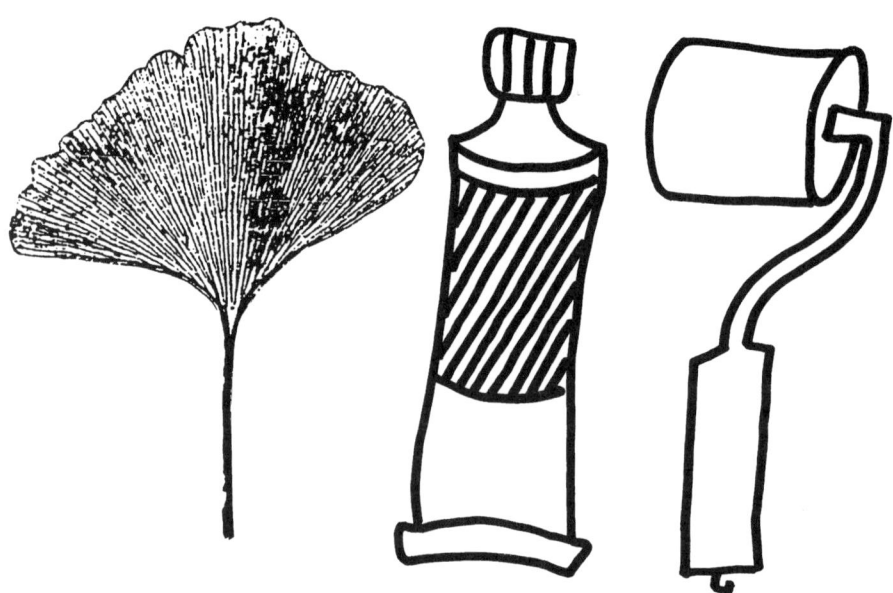

Rubbelbilder

Benötigtes Material: Papierbögen (verschiedene Qualitäten wie Saugpost, Durchschlagpapier u.ä.), Wachsmalstifte, Bleistifte

Technik: Eine Frottage wird angefertigt, indem ein Bogen Papier auf ein geeignetes Objekt gelegt und möglichst gleichmäßig quer mit einem Wachsmalstift oder einem Bleistift "bestrichen" wird: Die Struktur des darunter gelegenen Gegenstandes bildet sich ab.

Nachbarschaft 'abrubbeln' und gestaltete eine Wandfläche mit den Ergebnissen. In Großbritannien sind die "brass-rubbings" in Kirchen und auf Friedhöfen zu einem Geschäft geworden, bei dem silberne und goldene Wachsstifte und schwarzes Papier an die Touristen verkauft werden. Aber auch von Sandstein- und Marmorgrabdenkmälern lassen sich mit großen Papierbögen sehr eindrucksvolle Frottagen abnehmen, die Grundlage einer Studie über die Lebensverhältnisse (Lebenserwartungen etc.) vergangener Zeiten werden können. Auch können bestimmte Fossilien leicht auf diese Weise abgebildet werden.

Kontext und Ausbaumöglichkeiten:
Der Maler Max Ernst hat die Frottage in die "große Kunst" eingeführt. Er rubbelte die Struktur des abgetretenen Dielenbodens auf Papier und integrierte diese Muster in seine Collagen und Bilder. Die Rindenstruktur von Bäumen kann auf diese Weise erfaßt und mit Naturselbstdrucken zu einem Rätselbuch kombiniert werden. Eine Lehrerin ließ ihre ausländischen Schüler alle Schilder in der

Bodenstück 1

Benötigtes Material: Mehrere Fäden oder Garnstücke von etwa fünf bis sieben Metern Länge; je fünf kleine Pflöcke oder Stöcke; je eine Lupe. Für die Aktivität braucht man ein geeignetes Gelände im Freien; Wäldchen, Park mit Buschgruppen, zur Not auch ein leeres Grundstück. Die Kinder arbeiten in Gruppen mit höchstens fünf Teilnehmern.

Technik: Der Faden wird von den Kindern so auf dem Gelände verlegt, daß es möglich ist, an ihm entlang eine Geschichte zu erzählen. An Stellen eigener Wahl drücken die Kinder die fünf Pflöcke in den Boden, hier soll in der Geschichte "etwas passieren". An einer dieser Stellen kommt die Lupe ins Spiel: Sie ist das "Magische Auge", das den Zugang in eine andere Welt eröffnet. Nach einem vereinbarten Zeitraum (eine halbe Stunde) tragen die einzelnen Gruppen "ihre" Geschichte vor.

Kontext und Ausbaumöglichkeiten: Didaktischer "Einstieg" in die Thematik des fruchtbaren Bodens und seiner Gefährdung (Umwelterziehung). Gefragt ist neben der genauen Beobachtung auch die Fabulierkunst der Kinder.

Bodenstück 2

Benötigtes Material: Viele Drahtkleiderbügel; Papier und feste Unterlage (Klemmbrett); (evtl.) Lupen; Blei- und Farbstifte. Ein geeignetes Gelände im Freien wäre etwa ein Wäldchen, ein unbefestigter Feldweg, ein Park, ein leeres Grundstück.

Technik: Jedes Kind hat einen Drahtkleiderbügel, den es so aufbiegt, daß ein Quadrat entsteht. Dieser aufgebogene Kleiderbügel wird ins Gelände geworfen. Wo er gelandet ist, umgrenzt er die "Kleinzone" des Bodens, der sich das betreffende Kind eine Viertelstunde lang widmet. Das Gebiet wird genau betrachtet und abgezeichnet. Was sich bewegt, wird protokolliert. Die Ergebnisse werden ausgestellt und kommentiert.

Kontext und Ausbaumöglichkeiten: Eine Vorstufe zur Untersuchung des Bodens und zu dessen Entstehung. Varianten bieten weitere "Kleinzonen": Einen zerfallenden Baumstumpf aufbrechen, abzeichnen; ein Stück Waldboden abheben und in einem Schuhkarton mitnehmen und zu einer Ausstellung arrangieren; auffallend gefärbte Objekte vom Waldboden (Pilze, Flechten, Schimmel, Blätter) mitnehmen und zusammenstellen (ähnlich wie "Regenbogenfarben").

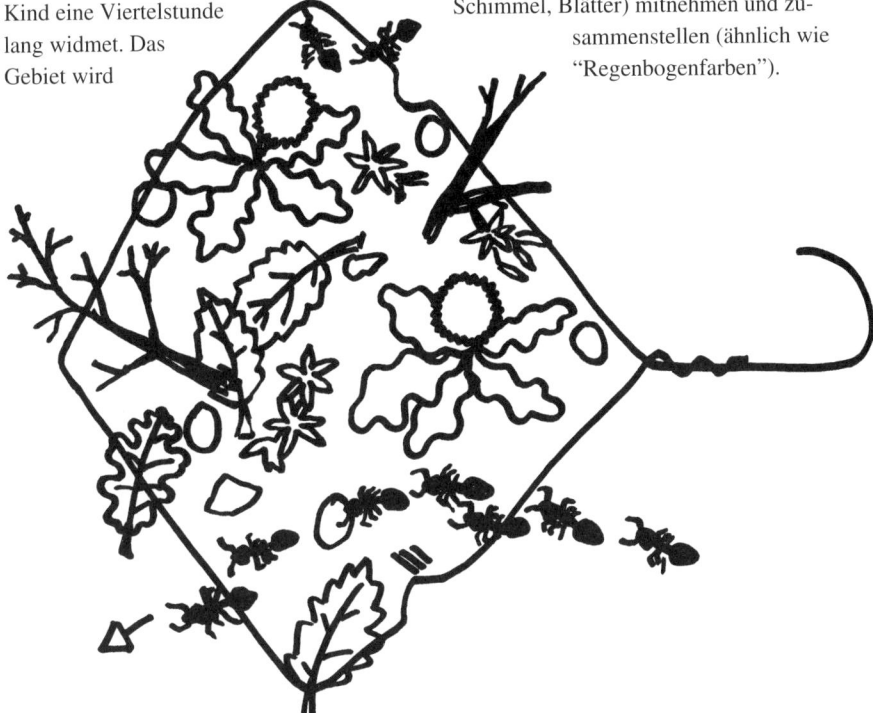

Regentropfenmuster

Benötigtes Material: Ein "Paddel", das aus einem Besenstiel besteht, an dessen Ende eine starke Pappe oder ein Brett, etwa in DIN A 4-Größe, befestigt ist; mehrere Bögen Löschpapier; Reißzwecken; Uhr mit Sekundenzeiger; Kugelschreiber.

ten eine "Probe" gewonnen wird. Eine solche Studie kann in den Kontext einer Unterrichtseinheit über das Wetter eingebaut werden. In der Ausstellung "Wenn das Auge über die Mauer springt" von Regio Emilia, die im Jahre 1989 durch Deutschland zog, war eine große Abteilung dem Thema "Es regnet" (Il piove) gewidmet. Die Kinder hatten in Schuhkartons poetische Arrangements zu diesem Thema zusammengestellt.

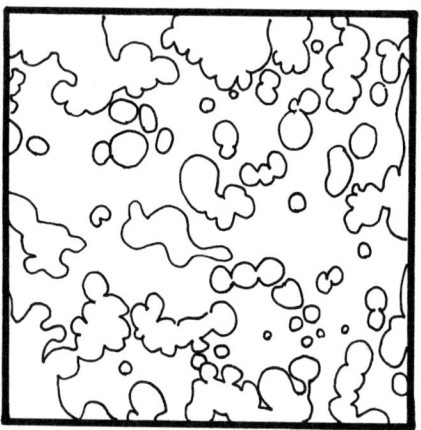

Technik: Ein Bogen Löschpapier wird auf dem Paddel mit den Reißzwecken befestigt. Wenn es regnet, wird das Paddel genau 60 Sekunden lang aus dem Fenster gehalten. Die Regentropfen benetzen das Löschpapier. Sie werden mit dem Kugelschreiber rasch umzeichnet.

Kontext und Ausbaumöglichkeit:
Unterschiedliche "Regensorten" können zugeordnet und erfaßbar gemacht werden (Nieselregen, Platzregen, Dauerregen, "Schmuddelwetter" usw.). Die Phasen eines Regengusses können ermittelt und beschrieben werden, wenn etwa alle fünf Minu-

Sporenabdruck

Benötigtes Material: Abgeschnittene
Hüte von Pilzen; Papiere; Schüsseln o.ä.
Gefäße; Fixativ und Fixativspritze oder
Haarspray.

Technik: Der abgeschnittene Hut eines Pil-
zes wird mit der Lamellenseite nach unten
auf einen Bogen Papier gelegt. Um eine Ver-
wischung des entstehenden Sporenbildes
durch Luftzug zu verhindern, wird eine
Schüssel darübergestülpt. Etwa nach einem
Tag haben die herausfallenden winzigen
Sporen ein Bild der Lamellen hinterlassen,
das mit Fixativ und Fixativspritze oder mit
Haarspray "fixiert" wird.

Kontext und Ausbaumöglichkeiten:
Thema "Pilze", die Teile des Fruchtständers,
die Vermehrung durch zigtausende winziger
Sporen wird anschaulich. Ein anderer Kontext sind die "Naturselbstdrucke": Können
Pilze auch gedruckt werden? Ein Bestim-
mungsbuch der Pilze aus der Umgebung -

Fotos, Zeichnungen, Drucke, "Pilzgeschich-
ten", Zeitungsausschnitte - ist möglich. Der
Komplex "Radioaktivität" kann angeschnit-
ten werden (Warnung vor dem Verzehr von
Pilzen, Tschernobyl, Umwelterziehung).

Welt in der Kiste

Material: Schuhkarton, Objekte

Verfahren: Wenn ein dazu geeignetes Thema wie "Regen", "Herbst", "Weihnachten", "Ferien", "Schulweg", "Wald", "Indianer" vorgesehen ist, wird zunächst die Aufgabe gestellt, alle geeigneten Gegenstände, die für dies Thema stehen und die in den Schuhkarton passen, dort in einer Mini-Ausstellung unterzubringen. Diese Mini-Ausstellungen werden mitgebracht, vorgeführt und erläutert:

"Regen in der Kiste",
"Herbst in der Kiste",
"Ferien in der Kiste" usw.

Die Methode ist auch für die Eröffnung von Gesprächen unter Erwachsenen über Themen geeignet, bei denen persönliche Erinnerungen eine Rolle spielen, wie z.B. beim Thema "Heimat".

Ostereier mit Naturfarben färben

Material: Hartgekochte Eier, schöne kleine Kräuter und Gräser, die auf einem Spaziergang gesammelt werden (Löwenzahn, Giersch, Wilde Möhre, Rainfarn, Erdbeere...), Damenstrumpf oder Gaze, Schere, Zwirnsfaden, viele Zwiebelschalen (die äußere braune Hüllschale, die beim Schälen zuerst entfernt wird) oder Naturfarben wie Gelbwurz oder Blauholz (im Naturkostladen oder Reformhaus vor Ostern meist erhältlich), Topf und Wasser, Heizquelle (Kochplatte).

Verfahren: Zwiebelschalen oder andere Naturfarben in Wasser geben und Sud (evtl. entsprechend der Anleitung auf der Packung) kochen. Das Abseihen ist bei Zwiebelschalen nicht notwendig. Kräuter sorgfältig als Bilder auf die Eieroberfläche legen, Gaze oder ein entsprechend zurechtgeschnittenes Stück Nylonstrumpf darüberbreiten, straff ziehen und mit Zwirnsfaden hinten zusammenbinden. Eier in den Sud legen und bei kleiner Hitze köcheln und ziehen lassen, bis der gewünschte Farbton erreicht ist (Bei Zwiebelscha-

len: beige-hellbraun-braun-rotbraun-rotschwarz). Eier aus dem Sud nehmen, abkühlen lassen, Gaze und Kräuter entfernen, evtl. mit Speckschwarte glänzend reiben.

Kontext: Den besonderen Reiz von Naturfarben kennenlernen; Kräuter im Frühling sammeln und Namen lernen; Osterbräuche - Osterfest zum Thema machen.

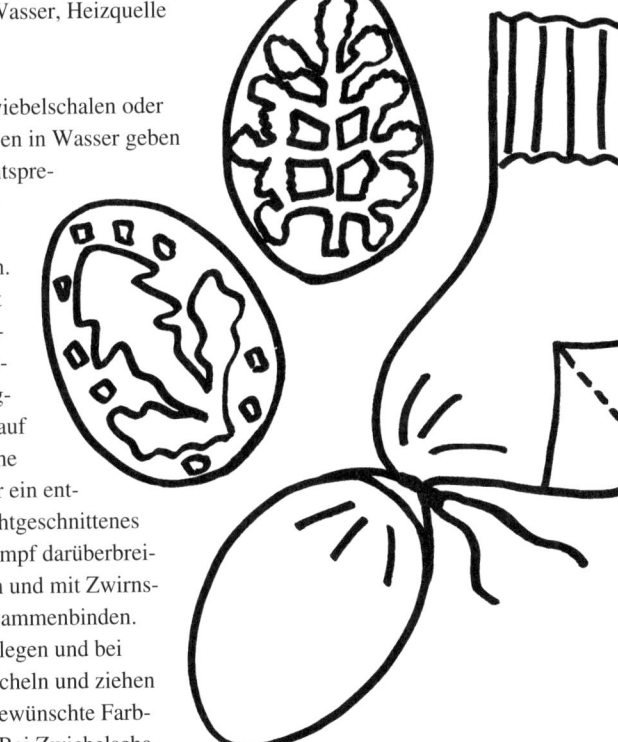

Kartondruck

Material: Karton mit möglichst glatter Oberfläche (Verpackungskartons sammeln; ideal sind Milchtütenkartons mit alubeschichteter Innenfläche), Kugelschreiber, Schneidemesser, Linoldruckfarbe, Farbwalzen, Glasscheibe oder resopalbeschichtete Platte zum Auswalzen der Farbe, Druckwalzen oder, falls vorhanden, Abzugspresse ("Nudel"), verschiedenartiges Papier zum Bedrucken.

Weitere Möglichkeit: Umrisse der Zeichnung mit dem Schneidemesser umfahren und die obere Schicht des Kartons außen abziehen, so daß die glatte Oberfläche nur an den vorgesehenen Stellen bleibt. Einfärben und Drucken.

Ein "Druckstock" reicht in der Regel für 25 Drucke (Klassensatz).

Möglicher Kontext: Sachunterrichtshefte und Einzeltexte können effektvoll farbig illustriert werden.

Verfahren: Umrißzeichnung mit dem Kugelschreiber auf die glatte Kartonoberfläche eintragen (fest aufdrücken); Linoldruckfarbe mit der Farbwalze auf Glasscheibe oder Platte so lange auswalzen, bis eine gleichmäßig verteilte Schicht entstanden ist; die Kartonoberfläche sorgfältig einfärben; Papier, das bedruckt werden soll, auf den eingefärbten Karton legen, mit Druckwalze abdrucken.

Stempel aus Moosgummi 1

Material: Moosgummi (ein dünnes, festes, schwarzes Schaumgummi, das in Geschäften für Klempner-Bedarf erhältlich ist), Stempelkissen, Holzklötzchen und/oder Korken, Klebstoff, Scheren

Verfahren: Die Moosgummi-Platte in kleine Abschnitte zerschneiden, Figuren (Menschen, Bäume, Autos, runde Scheiben, Rechtecke) schneiden, auf Korken und Holzstückchen kleben, mit dem Stempelkissen stempeln.

Kontext: Rasch können große Anzahlen dargestellt werden (vgl. "Große Anzahlen Schätzen") - ein Wald aus tausend Bäumen, ein Menschenauflauf, ein Stau auf der Autobahn.

Das Moosgummi bewirkt beim Übereinander-Stempeln einen Hintereinander-Effekt. Rechtecke (Bausteine) bieten die Möglichkeit zum Stempel-"Bau" von Mauern und Häusern und ganzen Städten.

In der Kombination mit einem dünnen schwarzen Strich (Faserschreiber oder Feder) und/oder verschiedenfarbigen Stempelkissen können interessante Wirkungen erzielt werden: Einladungen, Briefe, Gedichte schreiben, Transmissionsriemen für große Maschinen zeichnen, winzige Lebewesen in eine ungeheure Stempel-Welt eintragen.

Die Darstellung einer "Nahrungs-Pyramide" wäre ein Vorhaben, das ökologische Kenntnisse vermitteln kann.

Stempel aus Moosgummi 2
Nahrungs-Pyramide

Material: Wie "Moosgummi 1", außerdem: Pappscheiben in der Größe DIN A 5, ein großer Bogen Papier (Makulaturrolle)

Verfahren: Informationen zur Nahrungskette im Meer in folgenden Schritten darstellen und mit Hilfe von Moosgummi-Stempeln abbilden:

1. Winzig kleine Pflanzen (Algen) werden von winzig kleinen Krebsen gefressen, winzig kleine Krebse werden von kleinen Fischen gefressen, kleine Fische werden von großen Fischen gefressen, große Fische werden von riesig großen Fischen (z.B. Thunfisch) gefressen.

2. Das Verhältnis der einzelnen Glieder der Nahrungskette ist wie eins zu zehn: Die winzig kleinen Krebse fressen das Zehnfache an winzig kleinen Algen, die kleinen Fische das Zehnfache an winzig kleinen Krebschen, die großen Fische das Zehnfache an kleinen, und ein riesig großer Fisch das Zehnfache an großen Fischen.

3. Dies ist wie eine Pyramide mit fünf Stufen.

Kontext: Ökologisches Grundwissen, hier: Begriffe Nahrungskette, Nahrungspyramide; evtl. ausbauen: Giftstoffe (kleine schwarze Punkte), die im Meeres-Wasser enthalten sind, werden von den kleinsten Lebewesen aufgenommen; auf ihrem Weg durch die Nahrungskette speichern sich immer mehr Giftstoffe - das jeweils Zehnfache - in den Lebewesen; der Thunfisch am Ende enthält so viele, daß der Gesundheitsminister empfiehlt, diesen Fisch nur selten zu essen.

Sandbild

Material: Teppichklebeband, Kartonbögen, Schneidemesser und Schiene oder Scheren, Vogelsand aus der Zoohandlung, Blütenblätter, Herbstblätter, Gräser, Vogelfedern und andere Fundstücke von einer Wanderung, evtl. Gewürze.

Verfahren: Teppichklebeband bahnenweise nebeneinander auf Kartonbögen kleben, dabei die obere Seite mit der Papierfolie abgedeckt lassen; mit Schneidemesser oder Schere etwa postkartengroße Rechtecke ausschneiden; Papierfolie abziehen und Fundstücke auf der Klebefläche arrangieren; Vogelsand darüber streuen und mit der Folie alles andrücken.

Kontext: Erinnerung an einen Ausflug oder Wandertag; die typischen Fundstücke für eine bestimmte Landschaft (Strand, Heide, Wald) zusammenstellen.
Varianten: Gewürzbild herstellen, indem viele verschiedene Gewürze zu einem Bild arrangiert werden; Riechbilder, bei denen bestimmte Gewürze (Currypulver) je eine Karte bedecken. Sand- und Erdbilder mit den typischen Bodenfarben.

Verbinden mit Untersuchung zur Bodenentstehung: Die Abfolge vom Blatt zum Humus aufkleben.

89

Blätterwirbel im Herbst

Material: Viele bunte Herbstblätter;
Kartonbögen DIN A 2 (pro Gruppe),
Teppichklebeband

Verfahren: Die Herbstblätter von der Mitte
des Kartonbogens aus spiralförmig aufkleben
und andrücken.

Kontext: Thema "Herbstblätter"; mit
Naturdruck-Technik verbinden; zwei Blätter
suchen, die einander völlig gleich sind (vgl.
Aktivität "Fingerabdrücke"); Vorstufe zur
Aktivität "Blätter ordnen".

Regenbogenfarben finden

Material: Zerschnipseltes Buntpapier in den Regenbogenfarben; großer Karton

Verfahren: Draußen in der Natur wird den Kindern folgende Geschichte erzählt: Vor ein paar Tagen bei einem Spaziergang sei hier der herrlichste Regenbogen erschienen, aber plötzlich in sich zusammengebrochen und auf die Erde gestürzt. Es sei gelungen, ein paar Splitter vom Regenbogen auf-zusammeln. (Jetzt wird das zer-schnipselte Buntpapier ange-boten.) Wer kann Natur-dinge herbeibringen, auf die der Regen-bogen abgefärbt haben mag? (Pflanzen ausreißen ist ver-

boten.) In zehn Minuten bringen die Kinder Blätter, Rindenstücke, Steinchen und andere Naturdinge, die der Farbe ihres Schnipsels entsprechen. Diese werden auf dem großen Karton in Form eines Regenbogens angeord-net und evtl. festgeklebt.

Kontext:
Die vielen intensi-ven Naturfarben werden zu Bewußtsein gebracht. Ge-spräche über die Funktion der Farben schließen sich an. Der Unterschied zwischen Natur- und Kunstfarben kann thematisiert werden. Die Aktivität "Ostereier mit Naturfarben färben" (S. 85) kann angeschlossen und die breite Palette von Naturfarben vorgestellt werden.

Hand abbilden

Material:

A. Handumriß auf Papier
Papier, Bleistift, Fixativspritze, Wasserfarben;

B. Handabdruck in Gips
Papier zum Unterlegen, Eimer, Gipspulver, Wasser, Stock zum Umrühren;

C. Handabdruck in Beton
Schuhkarton oder -deckel oder ähnlicher Pappkarton, zwei Eimer, Zement, Sand, Wasser, Maurerkelle, Zeitungspapier zum Unterlegen.

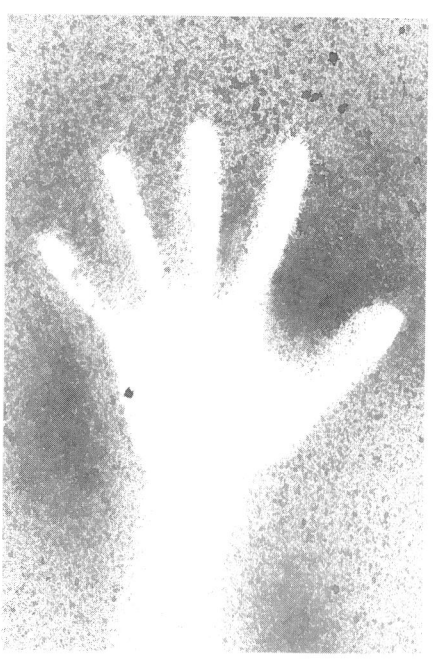

Verfahren:

A. Handumriß auf Papier
Die eine Hand mit gespreizten Fingern auf ein Blatt Papier legen, die Konturen mit dem Bleistift umfahren; einer legt die Hand auf einen Bogen Papier (vorher Ärmel hochkrempeln), ein anderer sprüht Wasserfarbe oder Tusche mit der Fixativspritze von allen Seiten darüber, so daß ein negativer Schattenriß entsteht; Handfläche auf dem Kopiergerät kopieren.

B. Handabdruck in Gips
Zehn Teile Gips im Eimer auf sieben Teile Wasser geben und mit dem Stock glattrühren. Hand mit der Handfläche nach oben auf die mit Papier abgedeckte Unterlage legen, Gipsbrei darüberschütten und zu einem möglichst gleichmäßigen Oval verteilen; Hand ruhig halten, bis die Gipsmasse abgebunden hat (nach etwa zehn Minuten bei normalem Gips; es ist auch schnellabbindender Gips erhältlich).

C. Handabdruck in Beton
Beton aus etwa vierzig Teilen Zement und sechzig Teilen Sand im Eimer trocken mit der Maurerkelle durchmischen und dann mit soviel Wasser anrühren, daß ein dicker Brei entsteht; Betonbrei zweifingerhoch in Kartons füllen und die Oberfläche mit der Kelle glatt streichen; Hand mit gespreizten Fingern langsam und fest in die Betonmasse ein-

drücken (evtl. die einzelnen Finger mit Hilfe der andern Hand nachdrücken) und vorsichtig wieder herausheben; Kartons bis zum folgenden Tag (oder übers Wochenende) an einem ungestörten Ort unterbringen. Betonmasse bindet bis zum folgenden Tag ab und kann nach vollkommener Trocknung mit Öl- oder Dispersionsfarbe angestrichen werden. Hat man eine Öse aus Draht gebogen und vor dem Einfüllen der Betonmasse von außen durch den Karton gestoßen, so kann der Abdruck später leicht aufgehängt werden.

Kontext: Vergleichen mit dem Bild des 30.000 Jahre alten Abdrucks einer Kinderhand aus der Höhle von Pech-Merle; den Aufbau der Hand, die einzelnen Teile benennen; Thema "Unverwechselbar" - verbunden mit Thema "Fingerabdruck": wie im Märchen vom Aschenputtel der Schuh, so paßt der Handabdruck nur bei einem einzigen bestimmten Menschen; Geschenk für Eltern; Aufbewahren der Abdrücke, nach einem oder nach zwei Jahren noch einmal Abdrücke herstellen und miteinander vergleichen.

Fingerabdruck

Material: Bleistiftminen, Federmesser, Tesafilm; Stempelkissen, Papier.

Verfahren: Mit dem Federmesser die Bleistiftmine schaben, so daß ein Häufchen von feinem Graphitpuder entsteht; Fingerspitze hineindrücken und auf Papier abwälzen, das entstehende Hautlinien-Muster mit einem Streifen Tesafilm abkleben. Oder: Fingerkuppe auf Stempelkissen drücken und anschließend den Abdruck auf Papier "stempeln". (Finger anschließend sorgfältig waschen)

Kontext: Thema "Mein Körper": Verbinden mit der Abbildung der Hand, Unterschied diskutieren: Die Hand wächst, - verändern sich auch die Hautlinien? Verschiedene Fingerabdrücke mit der Lupe vergleichen; Thema "Einmaligkeit

- Unverwechselbarkeit". Verbinden mit der Aktivität "Naturdrucke": Keine zwei Blätter gleichen einander völlig.
"Steckbriefe" anfertigen zur Selbstvorstellung mit Familienfotos, wichtigen Daten wie Geburtstag, Tag des Schuleintritts, Adresse, Lieblingsbeschäftigungen.

Die Jahresuhr

Material: Großer Kartonbogen (DIN A 1), evtl. aus vier kleineren Bögen (DIN A 3 mit jeweils unterschiedlichen Farben) zusammengesetzt, Kartonstreifen und Breitkopfnagel, Reißzwecken oder Teppichklebeband.

Kind stellt einen Kalender her; ein Jahreskalender wächst als Fries im Lauf des Jahres an der Wand entlang.

Viele Anregungen enthält: Horst Schaub: Sachunterricht in der Grundschule. Umgang mit der Zeit. Das Leben der Menschen im Wandel. Band 1: Fächerübergreifender Unterricht für das 1. und 2. Schuljahr. Hildesheim: Niedersächsisches Landesinstitut für Lehrerbildung, Lehrerweiterbildung und Unterrichtsforschung 1992

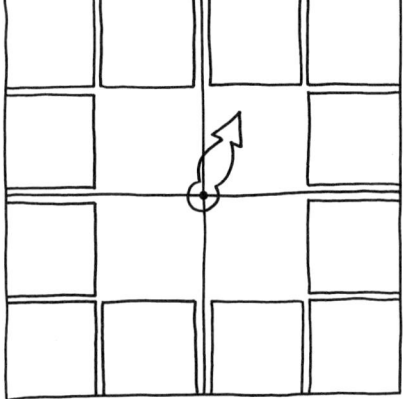

Verfahren: Die vier Bögen repräsentieren die vier Jahreszeiten; jeder Jahreszeit drei Monate zuordnen und so eintragen, daß insgesamt das Zifferblatt eines Jahres entsteht; mit beidseitigem Klebeband oder mit den Reißzwecken an der Wand befestigen und den Zeiger in der Mitte anbringen; er zeigt auf den gegenwärtigen Monat und wird im Lauf des Jahres weitergerückt; gleichzeitig werden im Sinne eines Tagebuches Fotos, Bilder, Zeitungsausschnitte und selbstgefertigte Texte auf der Jahresuhr angebracht, so daß sich die Bögen allmählich füllen.

Kontext: Kalender, Monate und Jahre, das Zustandekommen der Jahreszeiten; jedes

Kraftlinien im Magnetfeld abbilden

Material: Verschiedene Magnete (Hufeisen-, Stab-, Scheibenmagnete), Eisenfeilspäne (aus dem Lehrmittelhandel oder vom Schlosser), weißer glatter Zeichenkarton, einige Bogen selbstklebende Transparentfolie (alternativ für das ältere Verfahren: farbloser Schellack, elektrische Kochplatte)

verwenden, wenn die Schellack-Schicht vollkommen abgetrocknet ist; elektrische Kochplatte heiß werden lassen und das Kraftlinien-Bild darüber halten, bis der erwärmte Schellack weich wird und die Eisenfeilspäne einsinken.

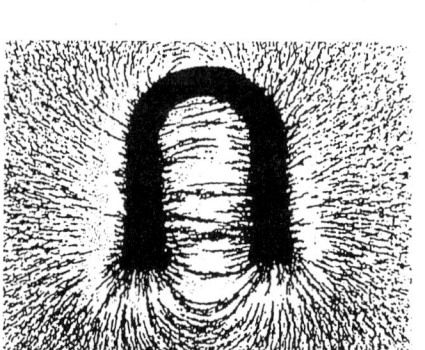

Kontext: Thema "Magnete". Die Kraftfeld-Bilder zeigen unterschiedlich starke Magnetfelder, stets aber den Bogen zwischen "Nord-" und "Südpol". Erklären, daß die Erde selbst ein Kugelmagnet ist, in dessen Kraftfeld sich die anderen Magnete ausrichten. In der Mitte eines Stabmagneten Faden befestigen und auspendeln, Faden an der Decke festbinden und die endgültige Ausrichtung des Stabmagneten mit einer Kompaßnadel vergleichen. Im Atlas Darstellungen des erdmagnetischen Feldes zeigen.

Verfahren: Verschiedene Magnete mit je einem Zeichenkarton bedecken, Eisenfeilspäne vorsichtig auf die Stellen unter den Kartons streuen, an denen die Magnete liegen. Behutsam mit der Fingerspitze an die Kartonseiten klopfen. Es entstehen Linien und Anhäufungen, die das Kraftfeld des betreffenden Magneten zeigen. Mit Transparentfolie abdecken und andrücken.
Älteres Verfahren: Den Karton Tage vorher mit einer dünnen Schicht aus farblosem Schellack einstreichen und wie beschrieben